Une histoire de l'humanité
(tome 1 et fin)

La collection *Regards d'Ici*
est dirigée par Manon Viard

Dans la même collection :

Breuskin, *Snowdonia Vertigo*
Martine Gengoux, *Pas simple de s'appeler Violette avec un profil de baobab*
Hélie Harty, *Tilt*
Julien Jouanneau, *La Dictature du Bien*
Aurore Py, *Lavage à froid uniquement*
Aurore Py, *L'art de vieillir sans déranger les jeunes*
Hugues Serraf, *Comment j'ai perdu ma femme à cause du tai chi*
Hugues Serraf, *Les heures les plus sombres de notre histoire*
Adrienne Yabouza, *La patience du baobab*

www.editionsdelaube.com

ISBN 978-2-8159-2789-5

Philippe Carrese

Une histoire de l'humanité (tome 1 et fin)

Postface de Pierre-Gilles de Gènes

éditions de l'aube

Du même auteur

Aux éditions de l'Aube

Dans la saga Belonore
Virtuoso ostinato, 2014 ; l'Aube poche, 2015
Retour à San Catello, 2015 ; l'Aube poche, 2016
La légende Belonore, 2016 ; l'Aube poche, 2017

Enclave, l'Aube poche, 2014
Les veuves gigognes, l'Aube noire poche, 2014
Trois jours d'engatse, l'Aube noire poche, 2014

Chez d'autres éditeurs

Trois jours d'engatse, Fleuve Noir, 1995
Graine de courge, Florent Massot, 1997
Tue-les, à chaque fois, Fleuve Noir, 1998
Le Successeur, Florent Massot, 1999
Le bal des cagoles, Fleuve Noir, 2000 ; rééd. L'Écailler du Sud, 2012
Flocoon paradise, Florent Massot, 2001
Conduite accompagnée, Fleuve Noir, 2002
Les veuves gigognes, Fleuve Noir, 2005
Enclave, Plon, 2009
Marseille, quartiers Sud, Syros (série de 7 romans jeunesse, de 2004 à 2010)
Place aux Huiles, L'Écailler du Sud, 2007 (dessins de presse)

La Genèse (tome 1)

Au début, il n'y avait rien.
Ou pas grand-chose.

En fait, voilà... Au début, il n'y avait pas grand-chose.

Mais en quantité.

De l'eau, à profusion. Des cailloux, partout. Du sel, aussi. Du sel, oui ! Mais dans l'eau, le sel.

Au début, il y avait de l'eau, partout. Et elle était salée. Ce qui ne servait à rien. Les cailloux étaient au fond de l'eau, l'eau recouvrait tout. Les conséquences de cette salinité envahissante étaient minimes. L'eau n'était pas potable, c'est vrai. Mais il n'y avait personne pour la boire. Et l'idée très sophistiquée d'un macaroni à faire bouillir dans de l'eau salée restait une incohérence philosophique. D'autant qu'alors, il n'y avait absolument personne pour philosopher.

Mis à part quelques rochers trop gros qui dépassaient de la surface, notre planète était un globe austère recouvert d'une mer hostile et immobile. Tranquille en apparence. Mais hostile quand même. On peut être tranquille et hostile. Quelques cailloux émergeaient à la surface plane de l'océan primitif. Ils étaient d'une inutilité crasse. Leur surface était pelée comme le crâne d'un rappeur américain des années funk. De la pierre, un point c'est tout.

Pas une herbe, pas une algue. Aucune alchimie n'opérait. La végétation n'était même pas à l'état d'hypothèse. Ce qui n'avait aucune importance non plus. Il n'y avait personne pour aller fouler du pied les vertes pelouses, personne pour partir piétiner les posidonies en bordure des plages. Ni gazon, ni goémon. Et aucun piéton, à plus forte raison. Et aucun poète pour pondre des rimes à la con.

Juste de l'eau salée et des cailloux. Aucun élément ne venait altérer ce paysage à l'uniformité morbide, même pas trois vagues venant s'écraser contre les récifs. Il n'y avait ni vent, ni tempête. L'immobilité semblait être la règle. Un calme plat, juste le clapot d'une douce écume sur les rebords de ces écueils stériles. Ce statu quo a perduré un certain temps. Les spécialistes de la genèse se déchirent encore aujourd'hui sur la durée du processus : leur conflit est récurrent. Quelques adeptes de religions fantaisistes vous affirmeront, « Un ou deux jours », parce que leurs dieux comptent leurs heures en bégayant chaque seconde. D'autres, plus pragmatiques, vous parleront en milliards d'années. Ce différend autour de la durée de la création n'a aucune raison d'être. Personne n'a eu à se farcir un ou deux milliards d'années d'attente inutile, il n'y avait personne. Je vous le répète, il n'y avait rien. De l'eau, du sel, des cailloux et point.

Le soleil faisait des apparitions assez régulières. Le temps de réchauffer la piscine primitive, il disparaissait à l'horizon dans un florilège de teintes rougeoyantes à faire pâlir de jalousie Claude Monet. Mais personne ne profitait de cette féerie chromatique. Pas de Turner, pas de Warhol, pas de Rothko, aucun Friedrich pour calquer sur la toile la magie du crépuscule. La nuit tombait, l'eau refroidissait. Noir total. Même pas un satellite naturel pour fournir ce halo bleuté qui découpe le haut des vaguelettes dans les pires sitcoms américains. La lune n'avait pas de clair, elle non plus n'existait pas. Et ça repartait de plus belle le matin suivant, sans qu'on sache vraiment qui de la planète inutile ou de l'astre de feu se déplaçait autour de l'autre.

La terre tournait. Ou pas. On n'en sait pas grand-chose non plus parce qu'il n'y avait à l'époque aucun astronome pour en témoigner, ni aucun inquisiteur zélé pour venir contester la forme de notre planète, ni aucun prêtre sceptique pour venir casser les couilles aux scientifiques en pleine réflexion. Un jour, pourtant, cette masse imposante d'éléments inutiles s'est mise en branle. Forcément. Nous ne serions pas là, à ergoter sur quelques millions d'années de cette genèse, si l'immobilité cosmique était toujours d'actualité. Nous serions peut-être sur une plage de cailloux inutiles, à nous pâmer devant des couchers de soleil aussi beaux que ceux du calendrier des postes, mais nous n'aurions même pas su inventer la serviette de bain pour nous protéger de l'aspérité desdits cailloux. À un moment donné, donc, ça s'est mis à bouger. L'étendue d'eau saumâtre a suivi le mouvement. Les cailloux, eux, étaient trop lourds pour s'émouvoir. Mais le carnaval pouvait commencer.

Les événements se sont précipités : marées, vent, tempêtes, embruns. Des phénomènes annexes sont apparus : la brume du petit matin, les entrées maritimes, les ressacs assassins, les vagues terribles. Le ciel s'est chargé de nuages lourds. Les éclairs ont parcouru l'atmosphère, accompagnés de tonnerres retentissants. Les flots sont partis à l'assaut des rochers émergents, les pierres en équilibre érodées par le sel ont roulé au fond des abysses. À force de coups et de bosses, les cailloux ont muté en sable plus ou moins fin. Modèle Acapulco ou modèle Étretat, avec quelques variantes aux abords de la promenade des Anglais, bien qu'à l'époque, il n'y avait bien entendu aucun Anglais pour se promener. Dans ce tumulte climatique, les nuages devenus une réalité handicapante empêchaient le soleil d'exécuter sa basse besogne de radiateur. La calotte s'est découverte glaciaire. La météo s'était trouvé une raison d'être. Froid. Chaud. Chaos permanent. Le tintamarre a duré. Deux jours selon les néocréationnistes, des millions selon les concordistes : un bordel incommensurable en durée comme en conséquence. Le troisième jour, c'est-à-dire deux milliards d'années plus tard, il s'est passé un truc. L'eau était toujours là, omniprésente, mais une forme d'intelligence a enfin émergé des flots.

La Genèse (fin)

« Et là, il n'y a plus d'eau.

— Vous en êtes certaine, Marie-Lo ?

— Évidemment ! C'est pour ça que la machine bloque, monsieur le directeur.

— Parce qu'il faut mettre de l'eau dans cette machine ?

— Pour faire du café, il faut toujours de l'eau. C'est un peu le principe du café… On a besoin de café, d'eau. D'un peu de chaleur aussi.

— Marie-Lo ?

— Quoi ?

— Je pensais que cet épineux problème de manutention de liquides dans l'espace de travail était réglé. Non ?

— Ça aurait dû, monsieur le directeur.

— Alors je ne comprends pas. Nous avons fait acheter ce matériel sophistiqué pour éviter toutes les manipulations fastidieuses. Marie-Lo ? Oui ou non ?

— Oui, monsieur le directeur. C'est Jean-Laurent, du juridique, qui s'en est chargé. Demandez-lui, c'est le plus simple.

— Je vais le faire de ce pas, Marie-Lo.

— En attendant, il n'y a plus d'eau dans la machine à café.

— Et qui est chargé de remplir le réservoir ?

— Ah, pas moi.

— Bon. Mais qui ?

— Voyez ça avec Jean-Laurent, du juridique. Bonne journée, monsieur le directeur.

— Bonne journée, Marie-Lo. »

La soupe primordiale (tome 1)

La soupe primordiale n'avait pas un goût formidable. Pas assez de légumes. Parce que dans une soupe, même primordiale, il faut des légumes.

Pourtant, il y avait de la matière : des acides aminés, de l'ammoniac, quelques aberrations chimiques aussi. Mais pas une seule fane de radis. Quelques légumes auraient pu venir relever les saveurs de notre planète en pleine composition sauf qu'on n'en trouvait pas, des légumes. Du tout. Nulle part. Et pour cause. Il y avait bien de l'eau, du sel, et de la chaleur comme sur les réchauds à bois de nos aïeux. Mais aucun végétal.

Par contre, on trouvait à profusion des composants chimiques propices à provoquer des corrosions galvaniques, accompagnés à proximité par quelques synthèses abiotiques de composés organiques. C'est pour cette raison qu'un beau jour, une cellule vivante s'est retrouvée à nager entre deux eaux. Perdue, paumée comme un Coréen sur la ligne du train express régional entre Limoges et Argenton-sur-Creuse. Ce petit organisme ne ressemblait à rien. Ou à pas grand-chose. Une cellule d'à peine un millimètre de diamètre, avec un noyau, un vague contenu indéfinissable et quelques poils autour. Déjà ! La première forme d'intelligence de l'histoire de l'humanité avait un système capillaire développé. Le premier organisme vivant ! Mais pourquoi là et à ce moment-là ?

Les adeptes du calendrier de la création à sept jours affirmeront que Dieu est le tout-puissant. Ils vous assèneront que l'apparition de la vie sur terre est un miracle d'origine divine. D'autres, les impies, les damnés de la terre et les sceptiques, rétorqueront que plutôt que de s'échiner à créer des microbes, Dieu, s'il existait vraiment, serait allé droit au but. Il aurait pris un peu d'argile et façonné du premier coup Sophia Loren et Justin Timberlake, sans passer par la case évolution. Sorti de ces considérations philosophiques, le protozoaire était là. Et bien là.

La soupe primordiale bio

« Superbe, notre nouvelle machine à café, Jean-Laurent ! C'est vous quiiii… ?

— Merci monsieur le directeur. Oui, "C'est moi qui", comme vous dites. Bel objet, bel objet.

— Bel objet, mais inutile.

— Pourquoi ça ?

— Il n'y a plus d'eau dedans.

— Il suffit d'en remettre, monsieur le directeur.

— Oui, mais…

— Bon, c'est vrai, il y avait bien un modèle plus perfectionné, un distributeur de boissons chaudes que nous aurions pu brancher sur la fontaine à eau.

— Ah ? Formidable ! Et alors ?

— Et alors le Comité d'établissement a préféré celui-là.

— Mais pourquoi ?

— Parce que c'est la *Écoffee 3 000.*

— Et c'est mieux, la *Écoffee 3 000* ?

— Cette machine-à-café-là est plus conforme à la démarche écoresponsable de l'entreprise. *Écoffee 3 000* : le café écologique !

— Le café écologique ?

— Vous voyez la marque ? Là ? *ÉCOFFEE* ! Comme "Éco", d'écologie, et "Coffee", de café. C'est malin, non ?

— … ?

— C'est une haplologie, monsieur le directeur !

— Une haplologie ?

— Oui.

— … ?

— Une haplologie qui résume bien notre philosophie.

— Parce que c'est plus écologique, une haplologie ?

— Non, monsieur le directeur. Une haplologie, c'est l'amuïssement de deux phonèmes.

— … ?

— Une contraction phonétique, si vous voulez. Comme un jeu de mots, quoi. Et dans notre cas, je trouve qu'une machine à café dont la marque est un jeu de mots, c'est un joli clin d'œil. Non ?

— … ?

— Nous sommes une maison d'édition. Et un robot distributeur avec une marque en forme de jeu de mots, pour une entreprise qui joue avec les mots à longueur d'années, c'est un joli clin d'œil.

— Jouer avec les mots ? Ici, aux éditions Minesta ? Vous savez, Jean-Laurent, je passe le plus clair de mon temps avec les actionnaires, avec vos collègues du juridique et avec le service de la compta'. Mon usage des mots se limite à "dividende", "chiffre d'affaires" et "revendications salariales". Et pour ce qui est de jouer avec ces mots-là, comment vous dire ? Donc, la *Écoffee 3 000* est une machine à café écologique ?

— Bien sûr. Vous voyez le logo, là ?

— "*Écoffee 3 000, modèle Abyssinie Confort Plus*".

— Non. Là.

— Le petit dessin avec le drapeau ?

— Voilà ! L'écolabel européen. La *Écoffee 3 000* a reçu l'écolabel européen. Et nous sommes dans la logique *C2C*.

— … ?

— *Cradle to Cradle.*

— *Cradle* ?

— Un gage de sérénité écologique, monsieur le directeur. Vous voyez le sticker, là ? Et il y a le point vert aussi, là. Notre *Écoffee 3 000*, modèle *Abyssinie Confort Plus*, a même été approuvée par Geneviève Dumas-Legrand !

— Geneviève Dumas-Legrand, de la Commission hygiène et sécurité ?

— En personne ! Même le CSHCT est d'accord. C'est pour dire !

— Holà ! Le redoutable CSHCT est dans vos petits papiers ! Vous avez su contourner le Styx et ses gardiens courroucés !

— Le Styx, monsieur le directeur ?

— Le Styx, oui.

— Si c'est une autre marque de machine à café, je suis désolé, mais nous n'avions pas ce modèle dans l'appel d'offres. C'est un concurrent de *Écoffee* ?

— Ha ha ! Votre sens de l'humour est épatant, Jean-Laurent. Et Dieu sait que pratiquer l'humour face à Geneviève Dumas-Legrand n'est pas une posture facile.

— Je suis désolé, monsieur le directeur. Nous avons pris le modèle *Écoffee 3 000*, modèle *Abyssinie Confort Plus*. Pour le Styx, je ne sais pas !

— Pas d'inquiétude, Jean-Laurent ! Le Styx, c'est juste une parabole.

— Ah ? Chez Styx, ils font le café dans des paraboles ?

— Non, oubliez tout ça, Jean-Laurent. Le Styx est une rivière souterraine qui mène aux enfers.

— Pour faire du café ?

— Laissez tomber, Jean-Laurent !

— … ?

— Je vous assure, Jean-Laurent.

— Vous croyez, monsieur le directeur ? Parce que si ça vous contrarie, nous pouvons encore changer de fournisseur.

— Naan, laissez tomber ! Vraiment ! Elle est très bien, votre machine à café. Surtout au centre de notre espace convivialité. Mais bon, il faut mettre de l'eau quand même. C'était déjà le problème avec la vieille cafetière donnée par Mireille, de la compta'.

— Oui, mais là, je vous arrête. Lorsque le réservoir du modèle *Écoffee 3 000* est vide, nous sommes prévenus par un signal sonore.

— … ?

— Regardez le voyant lumineux, là.

— Où ?

— Au-dessous du cinquième bouton. Non, en partant de la gauche.

— Celui-là ?

— Non. Là, c'est la régulation électronique.

— Pour ?

— Pour la densité du café.

— Celui-là ?

— Non. Là, c'est juste la quantité hors mousse de café versé, si c'est un gobelet carton utilisé avec les deux becs verseurs. Précis au centilitre près. Ça se règle avec la molette, ici. Non, le voyant, là !

— Ah oui, là ! Le bouton avec la vague qui clignote en rouge ?

— Celui-là, monsieur le directeur.

— Je vois bien l'alerte qui clignote.

— Pas mal, non ?

— Mais je n'entends pas le signal sonore.

— Nous l'avons fait commuter par l'installateur. Le bip en continu irritait Mireille de la compta', et ça gênait le service des éditions Jeunesse installé dans l'open space, à côté.

— Vous avez bien fait, Jean-Laurent. Une entreprise moderne comme les éditions Minesta se doit avoir un espace convivialité exemplaire pour le bien-être de tous ses employés, mais ça ne doit pas se faire au détriment de la qualité du travail. Il fait distributeur de soupe ?

— De soupe, monsieur le directeur ?

— Oui. Parfois, ces machines peuvent proposer des soupes, pour les jours froids de l'hiver.

— Les soupes en dosettes ?

— Dosette ou pas dosette, j'en sais rien, moi. C'est une machine destinée à distribuer des boissons chaudes. Jean-Laurent ?

— Oui.

— Alors, pour la soupe ?

— Heu... La soupe ne nous a pas paru primordiale.

— Eh bien, vous savez quoi ? Vous avez eu raison, Jean-Laurent. Déjà, nous aurons du café. Et surtout, un espace pour les rencontres informelles du personnel. C'était là, le but de ce coin détente. C'est parfait !

— Merci, monsieur le directeur.

— Jean-Laurent, vous savez, vous pouvez m'appeler Hervé. Nous travaillons dans la même boutique.

— Bien, monsieur Hervé.

— Non. Hervé tout court !

— Hervé tout court ?

— Oui. Tout court.

— … ?

— Comme le café, Jean-Laurent !

— Comme le café, monsieur Hervé ? Quel café ?

— Le café, voyons ! “Court”, comme le café, quand il est court. Le café court. Vous voyez, Jean-Laurent ? Hervé tout court, comme le café court.

— … ?

— Mais ne réfléchissez pas trop, Jean-Laurent. Ce n'est pas une haplologie.

— Ah ?

— Non. C'est juste une plaisanterie, Jean-Laurent.

— D'accord. Mais le café court. Le café peut courir ?

— Laissez tomber, Jean-Laurent. Vraiment ! Sinon, essayez : “Monsieur Buonavita”. Voilà ! Appelez-moi “Monsieur Buonavita” si vous n'y arrivez pas avec Hervé. Et sinon, ce panneau d'affichage au-dessus de la machine à café ? C'est votre idée ?

— Ah non, le panneau d'affichage, c'est Marie-Lo, du service du personnel.

— Très pratique pour épingler les annonces de chacun. C'est une très bonne idée. Le personnel doit avoir son espace de communication, lui aussi. Si vous croisez Marie-Lo, vous pourrez la féliciter. Bravo.

— Ce sera fait, monsieur Buonavita.

— Et pour l'eau, finalement ?

— Pardon ?

— Qui est chargé de remettre de l'eau dans la machine ?

— C'est un de nos problèmes actuels, monsieur Buonavita. Mais nous allons trouver une solution. »

Le début de la fin (tome 1)

Un protozoaire ! Ce pauvre être se trouvait bien seul, à barboter entre les cailloux.

Un protozoaire seul ne sert à rien. Ou à pas grand-chose.

Deux protozoaires, par contre… Les clubs de rencontre ne disposant pas d'internet dans ces temps reculés, le premier contact entre deux protozoaires a été long à venir. Mais un jour Gilbert a rencontré Josiane. Car il y avait des protozoaires mâles et des protozoaires femelles. La science contemporaine nous apprend que la reproduction de cette espèce était soit sexuée soit asexuée, ce qui est déjà la preuve de l'existence d'un grand doute universel. La science nous apprend aussi que cette sexualité était compliquée. Rien n'a vraiment bougé depuis, à ce niveau-là.

Les protozoaires s'éparpillaient, se croisaient quelquefois, prospéraient timidement, se perdaient dans des spéculations vaines ou dans des courants maritimes piégeux. Certains copulaient, mais sans vraiment avoir de mode d'emploi. Le coït était basique. Pas d'approche langoureuse, pas de souper au clair de lune, pas de drive-in pour aller niquer sur la banquette arrière de la voiture.

La vie du protozoaire restait sommaire, même si après un temps certain, Mère Nature s'était décidée à faire apparaître des blonds, des bruns, des plus poilus, des moins barbus, des chétifs et des obèses. Les actinopodes, les rhizoflagellés et leurs cousins les sporozoaires cohabitaient sans enthousiasme. La consanguinité allait bon train. Les familles de protozoaires se faisaient, se défaisaient, se croisaient. Les acanthaires et les héliozoaires nourrissaient quelques haines générationnelles. Le mode de communication de tout ce petit monde n'aidait pas au règlement pacifique de leurs bisbilles. Les infusoires ciliés profitaient de leur grande taille pour imposer leur autorité par la menace, alors que les trypanosomes se servaient de leur léthargie chronique pour résister à la pression sociale imposée par la communauté.

Les mâles étaient reconnaissables à leur système pileux développé et à leurs conversations monomaniaques sur les bagnoles. Les femelles étaient repérables à leurs déhanchements et leur maquillage outrancier. Les sporozoaires étaient les plus démunis. Bien que spécialistes dans pas mal de domaines tendance, ils étaient dépourvus d'appareil locomoteur dès l'âge adulte. Ces malheureux restaient dans leur coin à développer une rhétorique complexe qui ne leur servait à rien d'autre qu'à occuper leurs journées. Les sporozoaires faisaient office d'intellectuels de service.

Les radiolaires actinopodes, eux, avaient les boules. Ils avaient été les premiers à apparaître, au milieu des flots déchaînés, et revendiquaient une suprématie due à leur antériorité. Mais les radiolaires actinopodes avaient un défaut, c'étaient des feignasses. De nature plus taciturne, ils passaient de longs moments dans leurs calanques, à l'ombre des falaises. Leur élément, c'était la mer. Et leur nonchalance chronique les poussait à se caler les uns sur les autres en attendant les fins de semaine et les vacances scolaires. Ils mouraient d'ennui. Mais ils mouraient, bel et bien. À force de sédimentations et de fossilisation, les radiolaires se sont agglomérés sous forme de jaspe, prenant les couleurs de leur environnement minéral immédiat.

La complexité des rapports entre les familles de jaspe a toujours été une histoire de couleur. Les bariolés, les vert poireau, les léopard, jusqu'à l'onyx, une aubaine pour le Scrabble mais pas tellement pour les théories de l'évolution. Cette agglomération de cadavres de radiolaires actinopodes formait une couche minérale, au fond de l'eau de mer. Puis une autre. Puis une autre. Et rien n'avançait vraiment.

Jusqu'au jour où les cellules se sont divisées, puis divisées, puis divisées. Sans doute une forme primale de schizophrénie chez le protozoaire. Comment être plusieurs dans sa tête en restant soi-même ! Et conséquence logique, une paranoïa grandissante a pris forme dans le mental des premiers organismes vivants : la peur chronique de son voisin, l'angoisse face à l'étranger, terroriste potentiel, la méfiance face à l'inconnu… De l'eau, du sel, des cailloux colorés, quelques acides aminés, un peu de chaleur communicative, une schizophrénie rampante, la paranoïa généralisée : les ennuis pouvaient commencer…

Le début de la fin (fin)

« Marie-Lo ? Elle marche pas, la nouvelle machine à café ?

— Non, y a plus d'eau.

— Abon ? D'accord. Dis-moi, Marie-Lo, y avait pas pilate, aujourd'hui ?

— Si.

— Mais tu y vas pas au pilate, toi, Marie-Lo ?

— Pas aujourd'hui, Mélanie.

— Tu y vas plus, au pilate ?

— Mais siiiiii, Mélanie ! Mais aujourd'hui, y a le panier bio.

— Abon ? Le panier bio ? C'est le mercredi, maintenant, le panier bio ?

— Depuis les dernières vacances scolaires.

— Abon !

— Eh ben oui, Mélanie. Maintenant, le panier bio, c'est le mercredi.

— Toujours sur le parking ?

— À midi, sur le parking, côté livraisons poids lourds. Derrière la fosse à vidange des diesels.

— Comme avant ?

— Comme avant, Mélanie. Devant la cuve à mazout de la chaufferie. C'est tout pareil qu'avant. Sauf que maintenant, c'est le mercredi à la place du vendredi, le panier bio.

— Abon. Mais pourquoi il vient le mercredi à l'heure du pilate, le panier bio ?

— Parce qu'il a divorcé.

— Abon. Et alors ?

— À cause de la garde de ses gamins.

— Il vient avec ses gamins, le panier bio ?

— Non. Justement. C'est pour pas garder ses gamins qu'il vient livrer le jour des gamins.

— Et ils auraient pas pu déplacer le pilate ?

— C'est pas si simple.

— Abon ?

— À cause d'Audrey, de la compta'.

— Abon ? Mais elle y va pas.

— Elle y va pas où ça ?

— Audrey de la compta', elle y va pas, au pilate.

— Non, elle y va pas. Mais c'est elle qui s'occupe des plannings des activités, au Comité d'établissement. C'est le C.E. qui décide pour le jour du pilate.

— Abon ? Ben justement, si elle est au C.E., Audrey de la compta', elle pourrait en parler, non ?

— C'est prévu. Ils vont en parler au prochain Comité central d'entreprise.

— C'est quand ?

— Après les vacances scolaires.

— Abon, d'ac. Si jamais tu croises Audrey de la compta' avant les prochaines vacances scolaires, tu peux lui parler de l'aspartame ?

— L'aspartame ?

— Oui. Il faudrait qu'ils parlent de l'aspartame au prochain Comité central d'entreprise. Parce que j'ai regardé tous les boutons sur la nouvelle machine à café, mais il n'y a pas une option aspartame. Et y a pas non plus d'aspartame à côté de la machine à café, avec les dosettes de sucre et les touillettes.

— Y en aura plus jamais.

— Plus jamais ? Pourquoi ?

— Parce que c'est terminé, l'aspartame, Mélanie.

— Abon ? Plus d'aspartame ?

— Ni l'aspartame, ni les dosettes de déca.

— Abon ? Le déca non plus ? Pourquoi ?

— C'est Geneviève Dumas-Legrand, de la Commission hygiène et sécurité, qui a géré tout le dossier. Les dosettes de déca, c'était pas du commerce équitable. Le café, oui, le déca, non.

— Abon ?

— Et pour l'aspartame, ils ont dit que c'est cancérigène. Alors ils n'en mettent plus à côté de la machine à café.

— Si c'est dangereux, ils ont eu raison. On prend déjà tellement de risques, tous les jours ! C'est quoi, le bouton qui clignote jaune, là ?

— C'est pour régler le taux de caféine, mais seulement avec les dosettes d'arabica et en mode expresso.

— Abon ?

— Et tu as vu ? Les touillettes sont en bois, et plus du tout en plastique. Montée en gamme.

— Elle est pas trop compliquée, cette nouvelle machine à café ?

— Un peu, mais de toute façon, elle marche pas. Y a plus d'eau. Et il faut vidanger le filtre.

— Abon ? Qui s'en occupe ?

— Pas moi, en tout cas. Nous autres, au service du personnel, on n'a le droit de toucher à aucune machine. C'est dans la convention collective. Tu veux que je t'inscrive au panier bio, Mélanie ?

— Ils ont des bananes ?

— Non, mais ils ont des fraises toute l'année. Et ça, c'est super.

— Ah non, pas les fraises ! Adèle est allergique, et Elliot fait de l'urticaire. Comme son père. Sauf pour les fraises des bois. Mais ça, y en a jamais, dans les paniers bio. Mais c'est normal. Les paniers bio, ça vient de la campagne, et les fraises des bois, c'est à la montagne. Alors du coup, c'est logique. Non ?

— Les allergies ?

— Non, les fraises des bois, à la montagne ! Sauf que là, on y a été, à la montagne, et on n'a pas vu une seule fraise des bois. Mais y avait de la neige. C'est sans doute pour ça qu'on en a pas vu, des fraises des bois.

— C'était bien, ces vacances à la neige, Mélanie ?

— On s'est régalés. Adèle a passé sa première étoile au ski. Juste avant le rhume d'Elliot.

— Vous allez toujours à Chamrousse ?

— Non. Depuis les attentats, on a trouvé une station supersympa dans le Jura.

— Y a eu un attentat à Chamrousse ?

— Non, mais tu sais bien, les menaces des djihadistes, depuis les attentats.

— Ils ont menacé Chamrousse ?

— Tu as pas regardé, à la télé ? Ils ont dit que les lieux de fête et de débauche seraient leur priorité.

— Pourquoi Chamrousse ?

— À cause du Chamois Disco Club. C'est la cible idéale pour un attentat. C'est une boîte de nuit, on y vend de l'alcool, y a de la musique. Ils font même un karaoké sur *Darladiladada*, avec les serveurs déguisés en Touaregs. C'est de la pure inconscience !

— Ah quand même…

— Du coup, Bichou veut plus y aller. Tu connais pas ?

— Je connais pas qui ? Bichou ? Ton mari ?

— Non, Le Chamois Disco Club, à Chamrousse.

— Ah non. Nous deux, avec Jérémy, je veux dire avant qu'on se sépare avec Jérémy, nous autres on allait au TrainoBingo, avec Jérémy.

— À Chamrousse ?

— Non. À Val d'Isère.

— Ben c'est pareil, il faut plus y aller.

— Ça risque plus. On est séparés, avec Jérémy.

— Mon Bichou, il a dit que la prochaine cible des islamistes, c'était Le Chamois Disco Club, et que même si on allait pas trop souvent en boîte nous autres, personnellement, s'ils attaquaient Chamrousse, on pouvait faire partie des dommages collatérals.

— … Latéraux.

— Quoi, "latéraux" ?

— Les dommages…

— Les dommages collatérals latéraux ?

— Pas grave, Mélanie ! Et alors ?

— Alors, mon Bichou, il a trouvé une station de ski où y a pas de boîte de nuit, ni de bar à bière. C'est une petite station dans le Jura. Y avait quasiment pas de neige, mais au moins on a été rassurés.

— Et pour skier ?

— Quoi, pour skier ?

— Non, rien.

— Dis-moi, Marie-Lo ? Tu pourras demander, à Audrey de la compta', pour le jour du pilate ?

— D'accord, Mélanie. Je t'inscris au panier bio ?

— Non, c'est pas la peine. Mon Bichou, il mange jamais de légumes à part les raviolis.

— Les raviolis ?

— Oui, aux épinards. C'était pas mal, le Jura. Tu connais le Jura, Marie-Lo ?

— Non.

— Non ?

— Non.

— Abon ? »

Opportunismes (tome 1)

Les années, les siècles, les ères ont passé. Les protozoaires ont prospéré, se sont croisés. À force de tentatives plus ou moins pertinentes, les premières bestioles sont apparues. Des bestioles, oui ! Car, si l'humanité aspirait à un autre destin qu'une vie végétative au gré des courants, la notion de bestiole s'avérait primordiale dans le processus de l'évolution.

Les trilobites ont pointé leurs carapaces. Massifs, résistants, mobiles, ils semblaient armés pour devenir des chefs de bande. Avec leur fière allure de bouclier à pattes, les trilobites ont tenté de faire impression en occupant le terrain. Les trilobites avaient un défaut majeur, ils étaient taciturnes, taiseux. Et susceptibles. D'autres bestioles pas plus intelligentes mais plus fourbes se sont glissées dans leur sillage. Dans cette course au pouvoir, les ascidies, malgré leur immobilité chronique et leur caractère sédentaire, ont fait preuve d'un opportunisme assassin. Ces concombres de mer au physique peu engageant lorgnaient sur les bonnes places, ils ont su jouer de la patience et étaler les arguments les plus fallacieux. Pendant que les trilobites s'échinaient au travail, les ascidies observaient, tapies dans l'ombre, collées à leurs rochers. Leur temps viendrait un jour ou l'autre, pour peu qu'elles réussissent à miner la réputation de leurs voisins trilobites. Les ascidies ont trouvé la faille : saper le moral en attaquant l'ego. Les fourbes ont laissé circuler les rumeurs les plus viles, les quolibets les plus bas.

Très vite, les trilobites sont devenus les victimes malheureuses de tous les jeux de mots balourds qu'on peut imaginer lorsqu'on porte un nom qui incite aux rimes riches : « au cirage », « en bois », « dans le cul », etc. Après plusieurs tentatives à essayer de devenir les maîtres du monde, et désormais complexés par tous ces sobriquets décourageants, les trilobites se sont fait discrets. À un point tel que ces petits animaux marins ont disparu, dans une asthénie généralisée. L'ascidie est restée, occupant les bonnes places. Comme au sein de toute entreprise performante et de toutes les sociétés en mutation, l'injustice et les fourberies sont des constantes dans la longue histoire de l'évolution de l'humanité.

Opportunismes (fin)

« Ah, Jean-Paul ! Entrez, Jean-Paul, asseyez-vous. Je peux vous appeler Jean-Paul ?

— Si vous voulez, monsieur Fritzmeyer.

— Asseyez-vous, Jean-Paul. Je termine ce mail et je suis à vous. Je ne peux même pas vous proposer un café, la machine est en panne !

— Pas de souci. Prenez votre temps, monsieur Fritzmeyer.

— Ah surtout pas, Jean-Paul ! Le temps est précieux, le temps est compté, le temps est à l'orage. Vous voyez ce que je veux dire ?

— … ?

— Non ?

— Non, désolé.

— Le temps est précieux, le temps est compté ? À l'orage ?

— Et alors ?

— *Destins écroulés*, notre best-seller de l'année passée, Jean-Paul ! C'est la première phrase de ce formidable roman.

— Ah ! Je ne l'ai pas lu. Désolé.

— Vous êtes bien le seul, Jean-Paul. Deux millions de ventes. Sans compter l'édition en poche. Vous n'êtes pas très "corporate" !

— Pardon ?

— Non, je plaisante. Asseyez-vous, Jean-Paul. Alors… Nous avons bien eu votre manuscrit sur Maupassant. Quel travail !

— Merci, monsieur Fritzmeyer.

— Et quelle vie, quand même, ce Maupassant ! Une bonne idée d'écrire un roman sur la vie d'un auteur célèbre.

— Autour de la vie de Maupassant, et pas sur la vie de Maupassant. Ce n'est pas exactement une biographie.

— Oui, voilà. Très bonne idée. Ça a dû vous prendre un certain temps, non ?

— Bah ! Cinq années, monsieur Fritzmeyer. Je suis sur ce projet depuis cinq ans, sans discontinuer. Mais le sujet est tellement riche ! Si vous voulez produire une œuvre satisfaisante autour de cet auteur phare, c'est le prix à payer.

— Nous parlerons après de l'aspect financier, Jean-Paul !

— Je plaisantais, monsieur Fritzmeyer. "Le prix à payer", c'est juste une expression.

— Oui, bien sûr ! Une expression.

— Un problème, monsieur Fritzmeyer ?

— Aucun ! Mon prédécesseur à ce poste vous avez déjà fait un contrat, non ?

— Absolument. Le directeur de collection précédent était un fan de littérature du XIXe siècle, et très accroché à mon projet de fiction.

— Ah ! Ce bon vieux Roger ! Dommage qu'il soit parti à la retraite avant d'avoir réceptionné votre manuscrit, Jean-Paul. Il ne pourra pas le lire.

— Je compte bien lui faire parvenir le roman une fois édité, monsieur Fritzmeyer.

— Justement, Jean-Paul ! Il faut qu'on en parle. C'est un gros boulot, ce roman. Votre manuscrit fait bien trois ou quatre cents pages, non ?

— Six cent soixante-deux, monsieur Fritzmeyer.

— Oui… Voilà… En gros !

— Vous ne l'avez pas lu ?

— Si si ! C'est très intéressant. J'ai feuilleté un peu. Le début est très très bien ! Un peu ardu mais bien écrit. Vous avez une plume, Jean-Paul.

— Merci.

— Non, tout le monde ici le dit, dans les couloirs. Depuis l'open space des commerciaux jusqu'au bureau de notre attachée de presse. Bien écrit. Mais votre récit s'étale un peu. Vous savez, Jean-Paul, depuis la restructuration de notre maison d'édition, les règles ont évolué. Et, d'ailleurs, pour le plus grand bien de nos auteurs.

— Ah ?

— Et pour le plus grand plaisir de nos lecteurs.

— C'est-à-dire ?

— Vous voyez, le succès de *Destins écroulés*, par exemple ? Un best-seller, Jean-Paul. Et nous souhaitons faire en sorte que tous nos auteurs arrivent au même succès. Ce serait formidable, non ?

— Sûrement.

— Et même pour vous, Jean-Paul. Le manuscrit de *Destins écroulés* faisait deux cents pages. Et ça a suffi pour raconter cette histoire d'amour passionnel que les lecteurs se sont arrachée. Un personnage central : un jeune Beur de Nanterre que sa passion pour une fille riche de Neuilly pousse à la rédemption. Peu de personnages secondaires inutiles. Une histoire moderne. Une écriture efficace, sans détours. Un langage actuel. Une fin positive. Il est là, le succès.

— Il est certain que la fin de la vie de Maupassant n'est pas une partie de plaisir, et que Maupassant n'est pas un sujet très contemporain. Quoique…

— Non, mais Jean-Paul, là n'est pas la question. Votre personnage central est très bien. On s'y attache, à votre Hervé.

— Guy !

— C'est pas Hervé ?

— Henry-René-Albert-Guy de Maupassant, plus simplement nommé Guy de Maupassant.

— Mais… Hervé ?

— Hervé, c'est le frère cadet de Guy, celui qui meurt fou dans un asile. Mon personnage principal, c'est Guy, pas Hervé.

— Pourquoi j'ai retenu Hervé, alors ?

— Parce que dans le premier chapitre, j'évoque les relations fusionnelles entre les deux frères Maupassant, Guy et Hervé.

— Hervé, le malade ?

— Oui mais pas seulement, non. Il est cinglé. Enfin, pas exactement. On l'interne près de Lyon, à Bron.

— Bron ?

— Un asile psychiatrique, dans un quartier à l'est de Lyon.

— Mais, il est question d'une maladie, non ?

— Oui : la syphilis. Mais Guy de Maupassant avait la vérole, lui aussi. Comme son frère Hervé. Et il en meurt, à la fin.

— Ah ! Vous voyez, Jean-Paul ! C'est exactement ce que je vous dis : lorsqu'il y a trop de personnages, vous embrouillez le lecteur. Il faut des caractères affirmés, mais des parcours plus linéaires. C'est comme tous ces personnages autour de votre héros. Il y en a trop !

— Sauf votre respect, monsieur Fritzmeyer, impossible de parcourir la vie de Maupassant sans évoquer ses rencontres avec Flaubert, Catulle Mendès, Zola ou Tourgueniev. Ou encore Mallarmé.

— Mais tout le monde s'en fout, de ces compagnons de route de votre personnage ! Armés ou pas, ils sont trop nombreux.

— Mais…

— Et ça finit trop mal ! Et puis, c'est un peu gros, aussi. Ce "Goncourt", au milieu de cette ribambelle de personnages inutiles ! Ça m'a fait sourire, mais ça risque de n'amuser que les professionnels de l'édition comme nous. Donner le nom du prix Goncourt à un des protagonistes pour susciter le sourire des rares lecteurs avertis ! C'est aussi ce type de facilité d'écriture que nous essayons de gommer. Les éditions Minesta sont une maison sérieuse, Jean-Paul.

— Edmond de Goncourt est le fondateur de l'académie Goncourt, monsieur Fritzmeyer. Et une des relations proches de Maupassant.

— Ah, aussi, je me disais bien. Un nom comme "Goncourt", ça ne s'invente pas.

— Et ce que mon roman raconte est une réalité historique : Edmond de Goncourt détestait cordialement Guy de Maupassant.

— Ah ? Vous voyez ! Eh bien, alors ? Pourquoi en rajouter ? Et un personnage négatif, qui plus est. Les gens veulent du rêve, de la légèreté ! Supprimez ce Goncourt de votre récit, c'est très superflu. Comme ces allusions à la musique de l'époque, c'est trop compliqué, Jean-Paul !

— C'est la base du roman. Les influences des compositeurs contemporains à l'auteur, tout au long de l'œuvre de Maupassant...

— Mais c'est un roman, une histoire ! On s'en fout, de la musique ! Surtout de celle-là ! En plus, si j'ai bien compris, votre Maupassant n'aimait pas la musique.

— C'est beaucoup plus complexe. Il adorait Mozart mais détestait l'opérette. Il trouvait Beethoven bavard dans sa musique, et Wagner l'effrayait. Mais ce sont ces paradoxes qui ont justement nourri son écriture. Et même les personnages de ses romans. Vous avez lu *Lettre d'un fou* ?

— C'est nous qui l'avons sorti ? Quand ? Il vous faudra être indulgent, je ne suis dans cette maison d'édition que depuis deux ans, Jean-Paul !

— C'est sorti en 1885. C'est un récit de Maupassant, fondé sur les hallucinations auditives.

— Ces hallucinations auditives, comme vous dites, ne vont pas nourrir nos commerciaux. Ni les libraires qui s'efforcent de promouvoir nos livres. Je suis persuadé que vous pouvez enlever un bon tiers de toutes ces digressions sans en changer la teneur. Au contraire, vous gagnerez en attractivité, Jean-Paul !

Soyez efficace ! Comme dans un polar ! Réduisez votre roman de moitié, trouvez une fin plus positive, remplacez les intrigantes aux mœurs légères qui traînent autour de votre personnage par une héroïne de caractère.

— Une héroïne de caractère ?

— Oui ! Une femme moderne, un personnage libre qui vous permettra de saupoudrer çà et là votre roman de scènes un peu… un peu…

— Un peu ?

— Un peu chaudes. Vous voyez, Jean-Paul ?

— … !

— Ça manque de sexe, tout ça. Or, le lecteur, qu'est-ce qu'il cherche, allongé sur la plage, l'été ?

— L'ombre.

— Pas du tout. Le lecteur cherche des histoires d'amour un peu pimentées. Et faciles à lire. Alors, réduisez votre manuscrit des deux tiers et nous le sortons pour l'été. On est d'accord ? Vous m'excuserez, mais j'ai un rendez-vous téléphonique, Jean-Paul. Bon travail ! Et à vite.

— À vite ?

— Le temps d'un café : vous prenez un rendez-vous pour la semaine prochaine avec Mélanie, ma secrétaire, et nous concluons votre affaire.

— Elle ne marche pas, votre machine à café.

— Alors ça ira encore plus vite. Allez, bonne journée, Jean-Paul. »

Casse-Noisette (tome 1)

Plantée comme une gourde sur son rocher, l'ascidie attend. Une analyse perspicace de son anatomie, doublée d'une observation patiente de son mode de vie, nous font comprendre bien des choses.

Tout d'abord, quand on a la tronche d'un phallus, l'avenir ne s'annonce pas drolatique. Parce que l'ascidie a bien une gueule de sexe masculin. Et pas n'importe lequel : le plus banal, le plus flageolant, le plus flétri. Nous sommes très loin des appareils génitaux vindicatifs des stars priapiques de la pornographie. On a beau se persuader d'une certaine équité dans les processus de l'évolution, la dégaine de verge en mal d'érection de la bestiole ne pousse pas à l'enthousiasme. Il n'y a jamais eu aucune compassion divine pour les êtres inférieurs : nés laids, ils restent laids.

Certains scientifiques bienveillants ont eu beau avoir l'attention charitable de l'appeler « concombre des mers », l'ascidie a toujours été surnommée « vié marin » par les observateurs du sud de la France. La signification de ce quolibet est assez péjorative dans le patois local, pour ne pas dire d'une grossièreté avérée. Quand on pense à la campagne de calomnie lancée par les ascidies sur les trilobites pour prendre leur place dans la grande course de l'évolution…

On n'y peut rien, l'ascidie est le plus proche ancêtre commun de tous les vertébrés actuels. Et nous-mêmes sommes des vertébrés. Ça ne fait pas rêver, mais il faut se faire une raison. Déjà, l'ascidie appartient à l'embranchement des urocordés, ce qui à la simple lecture de la carte de visite ne fait fantasmer aucun directeur des ressources humaines. Les manuels nous annoncent bien une colonne vertébrale embryonnaire et une cavité pharyngienne pour donner un peu de sérieux au descriptif de son anatomie. Mais je défie toute personne normalement constituée de ne pas être pris d'un fou rire tenace à l'approche de l'ascidie. C'est pas méchant, juste nerveux.

L'ascidie se classe aussi dans la catégorie des tuniciers, mais ce n'est pas une bonne excuse. Ce qualificatif découle de la tunique solide mais molle qui entoure et protège l'animal, un peu comme un préservatif boursouflé en celluloïd qui aurait la forme d'une énorme framboise sans en avoir la couleur, ni la saveur.

Malgré tous ces handicaps, l'ascidie est un être primordial. Ce mollusque maritime est le chaînon indispensable entre les invertébrés et les vertébrés. Ça scotche, mais c'est comme ça. La science moderne a bien repéré plus de mille deux cents espèces d'ascidies réparties sur notre planète, dans toutes les mers du globe et jusqu'à quatre mille mètres de profondeur. Il n'y en a pas une pour relever l'autre.

Il y a les rouges, surnommées « outre de mer », ce qui donne une idée de la catastrophe esthétique de l'animal. Il y a les violettes, aussi. Leur goût iodé en fait un mets très apprécié par les consommateurs de fruits de mer. Et puis il y a les autres. L'aspect extérieur des ascidies composées relève plus d'un mauvais retour d'acide que d'un paysage naïf du douanier Rousseau. Les ascidies coloniales ne sont pas en reste dans le concours d'étrangetés. Les clavelines affichent une transparence ambiguë. Les groseilles de mer ont l'allure de grappes de raisin trop mûres pour être vendangées. On trouve même des botrylles, une espèce qui malgré son orthographe complexe donne moins de points au Scrabble que l'onyx.

Et puis il y a l'ascidie blanche.

Voilà ! C'est celle-là, la bistouquette des océans, celle qui nous préoccupe à ce moment de l'histoire de l'humanité. Aujourd'hui, on la trouve partout, des abords côtiers aux étendues profondes du plateau continental. Et en quantité. Ça n'a pas toujours été le cas.

Le début du règne de l'ascidie blanche a été chaotique, son évolution, très aléatoire. Et pour cause : l'animal a toujours été hermaphrodite. Cette particularité pourrait paraître un atout. À quelques millimètres de distance, dans les entrailles de la bestiole, se trouve une poche contenant des millions d'œufs à féconder et une autre poche gonflée de sperme prêt à l'emploi.

Bingo ! Non ? Non.

Lorsqu'ils découvrent cette particularité, les lecteurs misanthropes contemporains s'exclament en chœur : « Quelle chance elle a, cette bestiole ! » La logique des misanthropes est particulière mais elle tient la route : pas de stress du dragueur de boîte le samedi soir, pas de déodorant répandu en douce sous les aisselles dans les toilettes des restos chic, pas de dépenses inconsidérées pour séduire la belle de votre cœur, pas de bouquet de roses, pas de promenade au clair de lune en déclamant les vers de Lamartine, pas de repas du dimanche avec la belle-famille, pas de chagrin d'amour ni d'orageuse séparation. Les mécanismes de la reproduction ne dépendent que d'une seule et même personne, une ode à l'onanisme généralisé. Mais, hélas, ce raisonnement ne tient pas. Malgré cette androgynie, l'ascidie blanche n'est jamais arrivée à s'autoféconder. C'est ballot, mais c'est la réalité. Depuis le début de l'histoire de l'humanité, les glandes génitales mâles de nos concombres des mers ne sont jamais arrivées à maturité au même moment que les glandes génitales femelles.

Ce vice de forme est par ailleurs une preuve définitive de la non-existence de Dieu. Ou une preuve de l'existence d'un Dieu distrait ou maladroit, ce qui est à l'exact opposé des qualités indispensables pour devenir Dieu. Mais en attendant Dieu…

Casse-Noisette équitable

« Et pour les gobelets ?

— Dans la poubelle, au pied de la machine, Mélanie.

— Laquelle, Geneviève ?

— Celle pour les cartons et papiers, avec la trappe bleue. Nous allons jusqu'au bout de notre démarche citoyenne et écoresponsable.

— Abon ? Ils sont en carton recyclé, les gobelets ?

— C'est tout l'intérêt de l'acquisition de cette machine, Mélanie.

— Abon d'accord ! Même les gobelets en plastique sont en carton ?

— Non, Mélanie. Ceux en plastique, c'est un secours au cas où nous n'aurions plus de gobelet en carton recyclé. Les gobelets en plastique se jettent dans la poubelle des contenants plastique, celle avec la trappe jaune.

— Et la verte ?

— Pour le verre.

— Abon ? On a quoi à jeter, en verre ?

— Rien, a priori.

— Et la poubelle rouge ?

— C'est pour les déchets organiques. Nous n'avons aucune raison de produire des déchets organiques, mais on ne sait jamais.

— Vous avez bien fait.

— Et le café provient du commerce équitable, bien évidemment.

— Avec le panier bio ?

— C'est-à-dire, Mélanie ?

— C'est le gars du panier bio qui fournit le café ? Il pourrait, non ?

— Non. Parce que pour la *Écoffee 3 000 Abyssinie Confort Plus*, il faut du café en dosettes.

— Abon, d'accord. C'est compliqué à faire, les dosettes ?

— Celles-là sont spéciales : elles sont dures, pour la qualité expresso. Et garanties sans furanes.

— Abon ?

— Le gars du panier bio ne pourrait pas nous les garantir sans furanes. Et c'est très cancérigène, les furanes.

— Holà !

— On ne plaisante pas avec ça, à la Commission hygiène et sécurité. Là, c'est un peu plus cher. Mais notre santé à tous dans l'entreprise est à ce prix.

— Tu as raison, Geneviève. Vous faites bien ! C'est très "corporate", votre attitude. C'est super ! Dis-moi, elle était pas de permanence au Comité d'établissement, Marie-Lo, aujourd'hui ?

— Ah non, pas aujourd'hui.

— Abon ! C'est à cause de la rougeole, elle aussi ?

— Pourquoi la rougeole ?

— Chez moi, c'est Elliot qui a la rougeole. Adèle l'a chopée le mois dernier.

— Non, Marie-Lo n'est pas là, mais c'est à cause du Comité central d'entreprise extraordinaire.

— Abon ? D'accord. Moi, perso, je l'ai jamais eu, la rougeole. Mon Bichou non plus. Alors on a été inquiets. Parce qu'il paraît que c'est terrible, la rougeole, quand tu es adulte et que tu l'attrapes.

— La rougeole ? C'est une catastrophe sanitaire individuelle.

— Tu l'as eue, toi ?

— J'ai pris mes précautions. Je me fais vacciner contre la rougeole tous les trois ans. Et avec une souche spéciale cultivée sur des embryons de veau, et pas de poulet, parce que je développe des réactions à la protéine des œufs. C'est un peu plus cher, mais ma sécurité sanitaire est à ce prix.

— Sûrement. Dis-moi, Geneviève ? C'était pas la semaine dernière, le Comité central d'entreprise ?

— Oui.

— Alors pourquoi elle est pas là aujourd'hui, Marie-Lo ?

— Marie-Lo, elle a pris ses récup' avec ses RTT cette semaine.

— Abon d'accord.

— Il y a un problème ? Tu voulais la voir ?

— Je voulais la voir pour les casse-noisettes. Il en reste ?

— Combien tu en veux ?

— Je sais pas.

— C'est pas cher et il en reste.

— Abon ? Il en reste beaucoup ?

— Dix, pour samedi.

— C'est dans l'après-midi ?

— Ben oui. Et il nous reste dix places.

— Faut que je réfléchisse ! C'est bien ?

— *Casse-Noisette* sur glace ? Je l'ai pas vu. Mais on a les prospectus.

— C'est long ?

— Bah, comme un spectacle.

— Pas trop long long mais un peu long ? Avec des longueurs, mais c'est joli quand même.

— Voilà !

— Je vais réfléchir. Moi, mon Bichou, je l'avais traîné au *Lac des cygnes* sur glace mais il avait pas accroché. Mais alors, pas du tout. Alors qu'Adèle, ça lui avait plu. À cause des tutus des danseuses sur glace.

Mon Bichou, il avait eu trop trop froid à cause de la patinoire. Il avait les nerfs, mon Bichou ! Il a râlé tout le spectacle. Alors, du coup, *Casse-Noisette*, pour lui, je suis pas certaine que ce soit une bonne idée. Parce que si c'est pour que mon Bichou bougonne tout le temps…

— C'est certain. Ça gâche !

— Je sais pas comment ils font pour la glace.

— Ils ont des machines, Mélanie. Ça doit être comme des gros frigos.

— Abon ? Sauf que les frigos, c'est fermé. Alors que là, c'est en plein air. Enfin, pas en plein air, mais y a pas de porte comme pour les frigos. Tu crois que c'est bien pour les enfants, *Casse-Noisette* sur glace ?

— Ça devrait plaire à Adèle. Regarde le prospectus, les danseuses sont en tutu aussi.

— Fais voir ? Ah oui, elle va se régaler, Adèle. Là, ça doit être la princesse, avec les volants roses. C'est quoi, l'histoire de *Casse-Noisette* sur glace ? À part la glace ?

— C'est comme *Casse-Noisette* sans glace. Sauf qu'il y a la glace.

— Abon d'accord.

— Voilà !

— Mais l'histoire ? C'est un truc avec des princesses ?

— Pas exactement. C'est le casse-noisette qui est un prince.

— Abon ? Le casse-noisette ? Qui est un prince ? C'est un peu bizarre, non ?

— Non, c'est un conte. Comme La Fontaine, sauf que La Fontaine, c'est des fables, alors que là, c'est des contes.

— Abon d'accord.

— Sinon, regarde, y a aussi le roi des souris. Et des danses exotiques : une danse espagnole, une danse chinoise, une danse arabe même.

— Fais-moi revoir le prospectus, Geneviève. C'est quoi, la danse des mirlitons ?

— Bah, il doit y avoir des mirlitons, et ils dansent. Mais sur glace. Et sinon, il y a la fée Dragée et le prince Orgeat. Et l'héroïne s'appelle Clara.

— Abon ? Comme la meilleure amie d'Adèle ? Ça devrait lui plaire, alors. Je peux amener Elliot, tu crois ?

— Pour Elliot ? Je sais pas. À trois ans, il est trop petit, non ?

— Elliot adore la musique. Toute la journée, il chante la chanson de Hulk.

— La chanson de Hulk ?

— Il regarde tout le temps le dessin animé de Hulk, on a le DVD. Elliot connaît le générique par cœur. Alors il le chante. Il a l'oreille musicale. Je suis sûre que plus tard, il pourrait faire chanteur ou vedette. Mais je crois que son père, il serait pas d'accord.

Mon Bichou, il veut que son fils fasse une école de commerce, comme lui. Alors qu'Adèle, elle arrive pas à chanter trop.

— Ah dommage !

— Mais elle danse. Je crois que mon Bichou, si Adèle voulait faire danseuse, il s'en foutrait. C'est pas grave parce que c'est une fille, il m'a dit. Et c'est vrai qu'elle adore ça ! Elle met sa jupe avec les volants qui tournent et elle danse. Elliot, lui, il chante. Enfin, là, avec la rougeole, il chante moins.

— Tu vois, Mélanie… Je vais te parler franchement et en toute amitié. Emmener Elliot à *Casse-Noisette* sur glace, avec la rougeole, ce n'est pas prudent du tout.

— Tu crois ? Il paraît que le froid, c'est bien, quand tu as de la fièvre. Ça fait tomber la température.

— C'est le docteur qui te l'a dit ?

— Non, c'est un tuto' sur Facebook. Mais attention, un tuto' sérieux, pas un de ces trucs de propagande des sectes.

— Quand même. Je te le dis en toute amitié, mais il faut faire très attention avec les enfants, surtout en cas de fièvre.

— Mais il a plus trop de fièvre, Elliot, ça va. Et je sais pas si ça va lui plaire à cause de la musique. C'est qui, la musique ? Encore un Russe ? Comme pour *le Lac des cygnes* ?

— Attends, je regarde… C'est Tchaïkovski.

— Mais avec un vrai orchestre ?

— C'est pas écrit sur le flyer, Mélanie. Sur le programme, ils ont mis des grosses notes de musique, comme sur les partitions. Regarde, les notes se baladent sur les photos du spectacle. Mais ils disent rien pour l'orchestre.

— S'ils mettent de la batterie et de la guitare comme pour *le Lac des Cygnes* sur glace, ça va, ça passe. Sinon, c'est un peu chiant, sans la batterie. Ou alors avec un D.J., comme pour *Gisèle* sur glace. C'était pas terrible, *Gisèle* sur glace. Même avec le D.J.

— Alors ?

— Alors quoi ?

— Alors combien de places tu veux, pour *Casse-Noisette* sur glace ? Pour notre Comité d'entreprise, ils nous ont fait une remise : le tiers du vrai prix.

— Mon Bichou, il rentre de son séminaire vendredi, il sera là. Mais je vais pas en prendre pour lui. Parce que le truc de la glace trop froide, déjà, ça va le gonfler ! Et puis, ces séminaires de management, ça l'épuise. Chaque fois, il rentre, il dort. Mais en plus, là, sur le prospectus, ils montrent des photos de la danse du café, là…

— Et alors ?

— Alors la danse du café, c'est avec des danseurs arabes et ça, ça va le gonfler encore plus, mon Bichou.

— Il aime pas le café ?

— Il aime pas les Arabes, surtout.

— Même des Arabes sur glace ?

— Même sur glace ! Il va encore râler pendant tout le ballet. Je vais juste nous prendre trois places, pour Adèle, Elliot et moi. Si ça se trouve, Elliot aura encore un peu de fièvre et ça lui fera du bien, le froid. Et de toute façon, y a match samedi après-midi. Mon Bichou, il va rester planté devant sa télé. Elle y va, Marie-Lo, à *Casse-Noisette* sur glace ?

— Elle rentre vendredi de ses RTT, elle aussi. Je ne sais pas si elle s'est pris des places.

— Elle est partie où, pour ses RTT, Marie-Lo ?

— Elle n'a pas précisé. Elle a juste dit : "Ça va être un peu sportif, mon escapade." Mais elle avait l'air contente. »

Quand, soudain… (tome 1)

L'ascidie n'a jamais été très souple. Hermaphrodite, sa reproduction sexuée constituait un vrai problème. L'animal aurait bien aimé donner un tour de reins pour exploser sa poche d'œufs sur son tube de spermatophores, mais cette acrobatie lui était impossible. Pendant des jours, des années, des siècles, l'ascidie blanche a attendu qu'un événement improbable vienne la bousculer sur son socle.

Parce que je rappelle qu'en plus d'être un animal moche et déprimant, l'ascidie restait rivée à son rocher nuit et jour et jour et nuit. L'ennui total. Si par bonheur, une autre ascidie blanche se retrouvait rivée sur un rocher pas loin, des bribes de conversation pouvaient s'installer entre les deux mollusques. Mais les sujets s'épuisaient vite, à l'instar des ronronnades des mamans à la sortie des maternelles. Pas de congénères sur qui baver, pas de souvenirs de vacances à raconter, pas de spectacle à dénigrer ni de réussite à dézinguer. Juste l'immobilité morne, sur un caillou au fond de l'eau, entouré de sel et de protozoaires besogneux.

Sauf qu'un beau jour, ou peut-être une nuit, une vague plus forte que les autres est partie détacher un rocher d'une falaise noire. Ce rocher, semblant crever le ciel et venant de nulle part, a roulé vers le fond de la fosse marine, grand lac endormi. Le rocher aux yeux couleur rubis et aux plumes couleur de la nuit lentement a tournoyé. Mais pas longtemps. La chute brutale du caillou à la trajectoire poète a arraché une ascidie blanche de son socle, a écrasé la tunique de l'animal et par la même occasion, a explosé les poches d'œufs et de sperme. Aussitôt libérés de leur gangue, les spermatophores s'en sont donné à cœur joie. Ils étaient des millions, et avaient enfin une utilité. Face à eux, d'autres millions d'ovocytes en chaleur faisaient la danse des sept voiles pour trouver leur prince charmant.

Des millions de têtards d'ascidies se sont éparpillés, trop contents de pouvoir enfin découvrir le vaste monde. Les têtards étaient surpris par la vitesse à laquelle ils prenaient un aspect animal, et une réelle mobilité. Le résultat était un peu brouillon, certes. L'œil était à proximité de l'anus, l'encéphale jouxtait l'intestin, la bouche faisait ventouse, le pharynx comptait les points. La forme générale du têtard était curieuse, l'ergonomie se rapprochait de celle du levier de vitesse d'une voiture de rallye. Mais la queue musclée de la larve gesticulait, et propulsait chaque nouveau-né vers une destinée grandiose. La vie pouvait enfin prospérer dans les eaux de cette planète hostile.

Leur bonheur a été de courte durée. Les bouches se sont mutées en ventouses, les têtards ont rivé leurs lèvres charnues aux premiers rochers rencontrés, l'escapade collective s'est vite transformée en un champ de nouvelles ascidies blanches collées à un nouveau socle. Mais Mère Nature avait trouvé un moyen avéré de contribuer à la reproduction de cet être-charnière sans lequel nous autres, pauvres humains, n'aurions jamais eu la moindre chance d'exister. Il a donc fallu attendre que d'autres rochers dégringolent de la falaise, plongeant tel un aigle noir, pour libérer les capacités reproductrices des ascidies blanches.

C'est aussi à cause de ces méthodes tout compte fait très aléatoires que l'évolution de l'humanité a mis des milliards d'années pour arriver à un résultat.

Feuille de rose

« Ah ! Entre, Jean-Paul ! Entre. Je termine un Tweet et je suis à toi.

— Bonjour ! Heu…

— Mais entre ! Assieds-toi. Tu veux un café ? Profite ! Ils ont remis de l'eau dans le réservoir.

— J'ai vu. Mais il n'y a plus de dosette.

— Ah les cons !

— Monsieur Fritzmeyer n'est pas là ? J'avais rendez-vous avec lui, ce matin. Qui êtes-vous ?

— Fritzmeyer vient d'être nommé chef du département “développement jeunesse”. C'est moi qui le remplace à l'éditorial des romans. Assieds-toi, Jean-Paul. J'en ai pour deux secondes.

— Mais… Qui êtes-vous ?

— Simon.

— Simon ?

— Mais oui, Simon Alberge ! On s'est déjà croisés. J'étais au développement numérique. Et encore avant, chez LibroDistrib, avec les commerciaux.

— LibroDistrib ?

— Le service des relations avec les supermarchés. C'est notre plus gros chiffre, Jean-Paul. On s'est vus il y a trois ans, pour le repas de fin d'année, quand l'ancienne direction avait voulu présenter des auteurs vivants aux représentants. Qu'est-ce qu'on s'était fait chier, rappelle-toi ! Alors, Jean-Paul ? Quoi de neuf ?

— J'avais rendez-vous pour les dernières modifications du manuscrit sur Maupassant.

— Ah oué, c'est vrai. Maupassant !

— Alors ?

— Bien, le truc sur Maupassant ! Très bien ! Très très bien.

— Ah ? C'est pas un peu court, en l'état ?

— Ça va se lire comme un roman de gare, ton truc, Jean-Paul !

— Un roman de gare ?

— Oué, un truc vite lu, tranquille.

— Bah ! Tranquille, je sais pas. C'est la vie de Maupassant, quand même.

— Oué, mais simplifié. C'est ça qui est bien.

— "Bien", je ne suis pas certain. J'ai enlevé quelques personnages secondaires : plus de Massenet, plus de Gounod, plus de Reyer. C'est dommage, non ?

— Mais noooon, Jean-Paul ! C'est super comme ça. Tout le monde s'en branle, de Gounod.

— Et j'ai un peu gommé les allusions à Rimbaud et à Flaubert.

— Tu as bien fait, Jean-Paul. Flaubert, c'est vraiment un truc de vieux. Nous aussi, on a un peu gommé des trucs sur le manuscrit.

— Comment ça ?

— Rien de grave, rien d'important. Le service marketing nous a fait passer sa dernière étude quali'. Alors on s'est glissé dans les pas de leurs préconisations. Et franchement, on a bien fait. Déjà, on a changé le nom du personnage principal.

— Lequel ?

— Ben, ton gars, là ! Maupassant ! "Maupassant", on dirait le nom d'un couturier des grands boulevards. Ça date trop. On a juste anglicisé, pour actualiser, mais on n'a rien touché à l'histoire.

— Anglicisé ?

— Badbelt ! Ça, c'est un vrai nom pour un héros. William Badbelt. L'air de rien, ça dynamise vachement le récit. On a ôté quelques pages au milieu, aussi. Et on a recentré l'intrigue.

— Quelle intrigue ?

— Enfin, Jean-Paul ! C'est pas toi qui l'as écrit, ce manuscrit ?

— Bien sûr que si. Mais je ne comprends pas sur quoi on peut recentrer quoi que ce soit.

— Mais si, Jean-Paul. La pièce de théâtre, là, dans le bordel ! Tu sais bien ? Un des rares trucs vraiment bandants de ton histoire ! Parce que le service marketing a lu le premier pitch, et ils étaient pas emballés.

— Mais quel pitch ? Quelle pièce ? On parle de quoi, là ? De ma biographie romancée de Maupassant ?

— Ben oui, ton roman. On a bien été obligés de faire passer un pitch de ton histoire aux commerciaux ! Une campagne commerciale, ça se prépare longtemps à l'avance.

— Vous auriez dû me demander, pour le pitch, comme vous dites.

— Non, c'est bon ! C'est Christelle, la petite stagiaire, qui l'a fait. C'était pas sorcier. Sauf que là, on s'est pris une remontée de bretelles dans la gueule ! Alors on a réagi. Et franchement, c'est beaucoup mieux qu'avant.

— Vous vous êtes permis de…

— On s'est permis de rien du tout, Jean-Paul. Y a pas de quoi s'affoler. On a juste recentré autour de cette pièce de théâtre dont tu parles à un moment : "*À la feuille de rose, maison turque.*" C'était des chauds, à l'époque !

— Cette pièce est une anecdote dans le parcours littéraire de Maupassant !

— On s'en fout ! Y a du sexe, des filles à poil, des travelos, et de toute façon, c'est plus Maupassant, c'est William Badbelt.

— William Badbelt ! Je rêve ?

— Et on lui a attribué une Jaguar aussi.

— Une Jaguar ?

— Un héros moderne doit avoir une bagnole qui fait rêver.

— Mais, on est en 1875.

— Ah non, c'est fini, ça. On a tout ramené à aujourd'hui. Et c'est cent fois mieux. C'est du polar, Jean-Paul ! Un vrai polar ! Bon, d'accord, avec quelques références littéraires à Dashiell Hammett et à Chandler, pour faire vibrer les intellos qui liront la quatrième de couv'.

— Mais…

— Mais quoi, Jean-Paul ?

— Mais vous n'avez pas le droit !

— Mais si, ça va être tellement mieux ! Tu n'as pas envie que ça marche, ton bouquin, pour une fois ? Pour la promo, ça va être cent fois plus simple avec un William Badbelt qui enquête en Jaguar sur les personnages d'une pièce porno, qu'avec les états d'âme d'un vieil auteur français désuet dont tout le monde se fout. On a déjà un accord de principe du JT de midi de TF1, pour la sortie, avec les romans de l'été prochain. Formidable, non ?

— Le contrat stipule que je suis l'auteur unique de ce roman.

— Mais tu es l'auteur unique de ce roman, Jean-Paul ! Y aura que toi qui le signes. Il faut bien qu'on personnalise un peu l'objet pour que les clients l'achètent, surtout dans les supermarchés. Y aura ta photo sur la quatrième de couv' et sur le bandeau. Parce qu'on va mettre un bandeau rouge avec "prix des Lecteurs ». Ça en jette !

— Quel prix des lecteurs ?

— On trouvera bien des lecteurs et un prix, c'est pas le problème.

— Mais sur mon contrat, vous…

— On va le modifier, ton contrat. Tu n'as pas à t'inquiéter, j'ai discuté avec le service juridique. Ça ne te posera pas de problème. Tu as déjà pensé à prendre un pseudo ?

— Un pseudo ? Un pseudonyme ?

— Oui, un pseudonyme.

— Pour quoi faire ?

— On en a parlé à Raoul et à Hugues, les as du marketing.

— Hugues et Raoul ?

— Le bureau près de l'ascenseur, au deuxième étage. Admets que "Jean-Paul Lacanti", c'est pas le nom d'auteur le plus sexy. Non ?

— C'est mon nom.

— Je sais bien que c'est ton nom ! C'est pas le problème. Mais regarde, pour *Destins écroulés*, par exemple…

— C'est quand même incroyable ! On a l'impression que vous n'avez édité qu'un seul roman en dix ans et que c'est cette tartine de miel rance !

— Ha ! Tu vois ! Toi aussi, tu l'as lu.

— Finalement, j'ai essayé, oui ! Deux cents pages de lieux communs et de niaiseries, noyés dans les bons sentiments !

— Deux millions de lecteurs, Jean-Paul ! Ça ne se discute pas. Deux millions de lecteurs émerveillés par le retour à la nature d'un Maghrébin des cités qui tombe amoureux d'une bourgeoise de Neuilly atteinte d'un cancer.

— J'ai pas pu aller jusqu'au bout. À la fin, elle meurt ? Mais ils se sont réfugiés avant dans une communauté végan dans le sud de la France, si je me souviens bien !

— Comment tu as deviné ? Ils se retrouvent apiculteurs dans le Luberon.

— Il s'est pas foulé, Sofiane Djaballah !

— Et bien lui, par exemple, Sofiane Djaballah : c'est un pseudo.

— Un pseudo ?

— Son vrai nom, c'est Julien Zaoui. Ils sont d'Oran, d'origine arabe, mais ça faisait trop juif, comme nom. Il fallait que le lecteur ait l'impression d'une autofiction. Sauf que le père de Julien Zaoui est polytechnicien, que sa mère est une des héritières Fauchon et que toute sa famille habite Auteuil. Mais pour l'authenticité, on a suivi les conseils du marketing. Les photos au pied des cités, le noir et blanc, les indiscrétions sur son enfance malheureuse dans les bidonvilles en bord de Seine… Le service com' a fait un super job ! La préface par le journaliste vedette spécialisé dans l'écologie chez France Télévisions nous a coûté une blinde, mais elle a donné la caution qui va sauver la planète. Et voilà le résultat. Bingo ! Alors, tu vois, Jean-Paul, pour ton pseudo…

— C'est ridicule ! Je raconte la vie de Guy de Maupassant ! Je prends quoi comme pseudo ? Émile Zola ?

— Tu racontes la vie de William Badbelt et tu t'appelles Jean-Paul Lacanti. Ça marche pas ensemble. On va essayer de te trouver un nom qui fasse un peu suédois. En ce moment, la mode, c'est les polardeux scandinaves. C'est comme pour le titre du roman.

— Quoi, le titre du roman ?

— Je pense qu'on a trouvé cent fois mieux que celui de ton manuscrit. »

La maman des poissons

Tout démarre au Cambrien, dans une relative sérénité.

Très relative, la sérénité.

Déjà, les pseudos choisis par les premiers vertébrés n'étaient pas les plus pratiques : les Pikaia, les Haikouichthy et les Myllokunmingia ! Donc, les Pikaia, les Haikouichthy et les Myllokunmingia se partageaient le fond des mers.

Les ancêtres des poissons n'avaient pas de mâchoire. Juste quelques vertèbres, avec une notochorde, une tête et une queue. Rien de très rare. On sera donc surpris par le choix de noms aussi compliqués à retenir, mais surtout difficiles à prononcer pour des êtres sans mâchoire. Leurs divagations pacifiques ont duré quelques millions d'années, entre le Cambrien et le Siluvien, avec très peu de contacts entre les espèces. Ils avaient déjà tellement de difficultés à s'appeler entre individus de la même famille qu'il ne leur est jamais venu à l'esprit de tenter d'articuler le patronyme de leurs congénères. Attitude raisonnable, mais peu propice à la mixité sociale.

Puis arrive le Devonien, période géologique riche en événements fondateurs. Dans une romance qui beaucoup plus tard inspirera Shakespeare et quelques romans-photos, une demoiselle Pikaia tombe amoureuse d'un jeune Myllokunmingia. Mais les familles se détestent, un vieux conflit jamais apaisé. Le jeune couple décide de se suicider après avoir niqué. Ils niquent. Un coup. Un coup suffit. Le suicide foire, pas comme dans *Roméo et Juliette*. Un petit Kevin Myllokunmingia naît de cet acte d'amour. Pour cette histoire précise, on ne sait pas trop comment ça s'est terminé, mais sans doute avec un crédit de vingt ans dans une banque pour l'appartement, les week-ends à Auchan et les virées chez Ikea pour la déco de la cuisine. En attendant, les conséquences furent immédiates et déterminantes : fin de la consanguinité des espèces sous-marines, et début du bordel intégral.

Car la période qui s'étend du Dévonien au Triassique s'est déroulée dans une très grande cacophonie, confusion accentuée par les accidents climatiques, les éruptions dues à la tectonique des plaques et les phases d'extinction massive qui en ont découlé. Mais ainsi s'est développée la vie des premiers poissons tout autour de notre planète.

Si vous êtes sensible à des poussées d'urticaire ou simplement allergique à la crème de sardine, vous pouvez passer au chapitre suivant. Vous pouvez, sauf que vous allez rater un épisode fondamental de l'histoire de notre évolution : la grande saga des poissons primitifs. Que voici. Ils ont tous des noms à coucher dehors avec un ticket de logement, mais les zoologues ne se sont jamais contentés de la facilité. Commençons par le début…

D'abord, les Placodermes. Ces poissons apparus dès la fin du Silurien étaient des prédateurs actifs, apparentés à nos requins actuels. Eux avaient bien compris l'intérêt de se doter de maxillaires. Leur mâchoire supérieure se trouvait rivée au crâne, mais ils avaient inventé une articulation pertinente entre le crâne et la plaque osseuse de la région du tronc, ce qui permettait de projeter en arrière la partie haute de leur tronche. Les Placodermes étaient des grandes gueules. Et ils en abusaient.

Résultat, les Ostéichtyens, poissons osseux et complexés par leur manque de répartie, se sont vite murés dans un cynisme agaçant. Leur attitude n'était pas très constructive. Mais prendre la parole dès qu'un Placoderme était dans les parages relevait d'un exploit aux conséquences hasardeuses. Ils n'arrivaient pas à se faire entendre. Du coup, les Ostéichtyens se sont regroupés en syndicat, ont procédé à des élections, ont désigné un porte-parole. Rien de plus. À part quelques apéros et deux voyages organisés pour les conjointes des responsables de l'union, l'efficience de cette organisation était médiocre. Le responsable syndical était lui aussi un Ostéichtyen, et n'avait pas plus de facilité d'élocution que ses camarades.

Devant la léthargie des élus de leur fédération, quelques dissidents ont monté un syndicat concurrent. Pour se différencier, ils avaient adopté des nageoires rayonnées. Plus pratiques. Et d'autres encore, voyant l'hégémonie en marche de cette section, ont créé l'union autonome des Choanates. Ceux-ci se distinguaient de la plèbe par des nageoires charnues. Les poissons à nageoires rayonnées n'avaient qu'à bien se tenir.

Une grande pagaille a suivi. Chacun y allait de sa revendication, de son acquis social, de sa préséance. Et pendant ces débats interminables, la vie s'organisait, dehors. Et un nouvel ordre mondial s'est construit, sur un principe assez basique : le plus fort écrase le plus faible, syndiqué ou pas. Simple à comprendre, facile à appliquer : les minuscules étaient gobés par les tout-petits, avalés par les petits, bouffés par les modestes, eux-mêmes mangés par les plus grands, déchiquetés par les plus gros, croqués par les très gros.

Les petits se sont mis à courir très vite, les gros, à digérer pendant des siestes entières. Les siestes étant propices aux copulations, la population mondiale des poissons s'est très vite développée dans des proportions ahurissantes. La Commission internationale de stratigraphie estime que c'est au Dévonien supérieur que la prolifération des bestioles des océans a été la plus incroyable. Les fonds marins ressemblaient plus à la ligne B du RER parisien qu'à une aquarelle de Winslow Homer. Heureusement, ils se bouffaient entre eux, ça régulait ferme.

Les poissons prospéraient, mais la nature n'était pas en reste. Des algues tapissaient le fond des mers. À la surface, des fougères commençaient à orner les étendues de cailloux émergés, des tentatives d'herbes et de feuilles teintaient d'un vert tendre des paysages jusque-là d'une aridité de western spaghetti. Le végétal prospérait lui aussi, sur et sous l'eau. Donc, dans leur jeu de la vie et de la mort, les habitants des fonds marins se servaient de ces éléments de décor pratiques pour se dissimuler, copuler, se reproduire, faire des siestes à l'abri du regard des autres, et quelquefois satisfaire des besoins naturels comme vomir après une cuite ou regarder des sites porno à l'abri des regards moralisateurs.

De temps à autre, un plus gros déboulait, croquait un élément ou deux de la famille, repartait le ventre plein et la joie au cœur. En réponse, les plus petits formaient des chaînes ébouriffantes pour effrayer par le nombre leur prédateur lourdaud. La petite friture s'entraînait même à former des signes reconnaissables, dans une sorte de ballet nautique audacieux. Quelques familles de goujons, associées à des groupes d'ablettes adroites, réussissaient l'exploit de former des masses de poissons prenant des formes particulières, et souvent suggestives. La mémoire collective des poissons, qui n'est pourtant pas la plus réputée pour ses grandes capacités, a retenu que face à un marsouin affamé, un banc de trois cents éperlans était arrivé à figurer un poing fermé avec un majeur dressé droit en l'air. Cette même mémoire évoque aussi une petite phrase écrite par deux mille ablettes en concertation, avec pleins et déliés, qui formaient un « *Go Fuck You* » dès qu'un mérou pointait ses nageoires.

Saoulés par cette agitation perpétuelle et ce stress permanent, les Rhipidistiens se sont décidés à partir ramper ailleurs. Ils avaient déjà repéré quelques deltas boueux pour aller s'égayer loin de la foule en délire. S'échappant du milieu marin, ils se sont sentis obligés de développer des organes pour marcher en lieu et place de leurs nageoires charnues. Et ils se sont inventé des poumons. Un peu d'air frais n'a jamais fait de mal à personne.

Morin des Maures

« Monsieur le proviseur ? Vous vouliez me voir ? Holà, qu'est-ce qui s'est passé dans votre bureau ?

— C'est bien pour ça que je voulais vous parler, mademoiselle Granier.

— Si c'est pour vous aider à remettre votre armoire en état, je ne suis pas la bonne personne. Je suis déjà incapable de monter seule un meuble Ikea !

— Ce n'est pas le sujet, mademoiselle Granier. Nous avons un gros problème.

— Je vois bien. Je savais que les fournitures de l'Éducation nationale n'étaient pas d'une qualité exceptionnelle, mais là…

— Ce n'est pas le moment de faire de l'humour, mademoiselle Granier.

— Je suis d'accord avec vous, monsieur le proviseur. C'est plutôt le moment de faire du rangement.

— Stop ! Arrêtez vos sarcasmes ! Nous avons un gros problème.

— Je vois bien, monsieur le proviseur.

— Non.

— Quoi, “non” ?

— Non : je pense que vous ne voyez pas le problème, mademoiselle Granier.

— Bah… quand même ! C’est un peu la foire, là, non ?

— Toute cette pagaille autour de moi est la conséquence du problème, pas le problème.

— Bon, d’accord. Et alors, le problème ?

— Alors, le problème, c’est vous.

— Moi ?

— Vous ne vous rendez pas compte ? C’est de l’inconscience !

— Qu’est-ce qui est de l’inconscience ?

— Vos choix pédagogiques.

— Quels choix ?

— Vous êtes professeur de français, mademoiselle Granier. Vous êtes avec nous pour enseigner les auteurs du répertoire classique à nos élèves, pas pour leur instiller les pamphlets d’agitateurs sournois.

— Comme qui, par exemple ?

— Maupassant !

— Qu’est-ce qu’il a fait, Maupassant ?

— Ce désastre autour de nous, c’est à cause de Maupassant.

— Ne venez pas me dire que c'est Maupassant qui est venu fracasser votre mobilier ! Il est mort depuis quelques années, Maupassant. C'est un élève qui a mis votre bureau dans cet état ?

— Non. Le père d'un élève. Il était furieux. Vous avez stigmatisé son fils.

— Moi ?

— Parfaitement. Vous faites bien étudier des nouvelles de Maupassant à votre classe de seconde ?

— C'est au programme, je n'ai rien inventé.

— Mais pourquoi ces nouvelles ?

— Vous avez vu le niveau de ma classe ? Ils ont la capacité de concentration d'un banc de seiches, et le vocabulaire d'un GPS. Et encore, les nouvelles de Maupassant, c'est presque trop long pour eux. Si je m'étais lancée à leur faire étudier un vrai roman, comme *Bel-Ami*, Georges Duroy en serait encore à arpenter les Grands Boulevards et n'aurait toujours pas rencontré Forestier !

— Expliquez-vous, mademoiselle Granier.

— Vous n'avez pas lu Maupassant, monsieur le proviseur ?

— Si, bien sûr !

— Bien ! Alors ?

— Alors j'ai lu Maupassant il y a longtemps.

— Bon, d'accord… Georges Duroy est le personnage principal de *Bel-Ami*. Et il rencontre son ami

Forestier à la page six du livre ! Mais je vais arrêter avec les vannes. Je sens que vous n'êtes pas en état d'apprécier l'ironie aujourd'hui. Je me trompe ?

— Il a failli me tuer, mademoiselle Granier !

— Qui donc ?

— Le père de Farid.

— C'est le père de Farid qui a saccagé votre bureau ?

— Il a fait un scandale. Vous l'avez insulté !

— Mais je ne l'ai jamais croisé, le père de Farid !

— Il était fou de rage, il m'a menacé avec un couteau.

— Je ne comprends pas pourquoi.

— Vous avez insulté le prophète, mademoiselle Granier.

— C'est quoi, ce délire ? J'ai une classe de trente-sept élèves dont vingt-cinq de confession musulmane, trois animistes, deux végans radicaux, deux témoins de Jehovah, un catholique et quatre simplement crétins : je ne prendrai jamais le risque d'évoquer la religion ! Je ne suis pas suicidaire.

— Tout me porte à croire le contraire, comme l'état actuel de mon bureau !

— Si j'ai dit quelque chose de blasphématoire, Farid aurait pu réagir à ce moment-là. Ç'aurait même été la première fois de l'année qu'il aurait réagi à quelque chose, et ça m'aurait presque rassurée. Qu'est-ce que j'ai dit de si terrible ?

— C'est pas ce que vous avez dit : c'est ce que vous avez fait.

— Allons bon !

— Vous faites étudier des textes profanes et insidieux dans l'optique de stigmatiser l'islam, de focaliser l'attention sur le sous-prolétariat d'origine maghrébine afin qu'il serve de bouc émissaire, et par là même de répandre une propagande antimusulmane nauséabonde.

— Il a dit ça, le père de Farid ?

— Pas exactement comme ça. Son langage était plus sommaire. Là, j'ai juste traduit ses propos et un peu développé. Et comme il hurlait, c'était pas facile de le reprendre sur sa terminologie, surtout pendant qu'il balayait les dossiers et les accessoires sur mon bureau à coups de chaise. Mais le mal est fait, mademoiselle Granier.

— Et Maupassant dans cette histoire ?

— Vous avez obligé Farid à lire un texte dont le titre est *Ce cochon de Morin*. Il a pris ça pour une très grave provocation. Vous l'avez blessé au plus profond de ses convictions religieuses. De plus, un des personnages s'appelle “Labarbe”, et cette allusion au prophète lui est insupportable.

— Allez !

— Quoi, “Allez !” ?

— Non, mais… Vous plaisantez, là ?

— Pas du tout, mademoiselle Granier.

— Je rêve ou quoi ? *Ce cochon de Morin* est une nouvelle mineure de Maupassant. Qui plus est, c'est un outil de travail parfait pour parler de la stigmatisation et de l'injustice. Comme *L'aventure de Walter Schnaffs* est le texte idéal pour évoquer le pacifisme. Je leur fais étudier *Les contes de la Bécasse* : vous pensez que je peux avoir des soucis avec les végétariens de ma classe ?

— Allez savoir !

— Vous êtes vraiment sérieux, là ?

— J'ai l'air de blaguer, mademoiselle Granier ? Il nous faut faire preuve de plus de discernement dans nos choix éducatifs, mademoiselle Granier. La nouvelle voiture de monsieur Rodriguez a eu les quatre pneus crevés par les parents créationnistes d'un élève de première après un cours de SVT sur les acides aminés et l'évolution. Il faut s'attendre à tout.

— Expliquez-moi ! Si c'est moi la fautive, pourquoi il est pas venu me voir avant de venir tout saccager chez vous ?

— Parce que vous êtes une femme. Vous êtes une impie, ils ne parlent pas aux femmes. Surtout non voilée. Pour Farid et son père, vous n'existez pas, mademoiselle Granier.

— Je n'existe pas ?

— Il va falloir vous faire à cette idée, mademoiselle Granier. »

Kentucky Fried Chicken

Les dinosaures étaient des gros poulets.

Vu comme ça, ça démystifie pas mal les choses. C'est pourtant la réalité. Bien qu'ils aient la taille d'un immeuble de quatre étages et qu'ils pèsent aussi lourd que l'héritage de Marcel Dassault, les monstres effrayants qui ont régné du début du Permien à la fin du Crétacé n'étaient finalement que des volailles balourdes. Agressives, terrifiantes, implacables, mais balourdes et volailles.

Il est déjà très difficile, voire impossible, à un poulet de voler. Alors qu'il est pourvu d'une paire d'ailes. Imaginez pour un Iguanodon qui n'a que ses petits bras ridicules et un cul en forme de cuve à gaz ? Et à qui son père et sa mère viennent de faire la morale sur sa condition de volatile probable ? Et qui veut faire plaisir à ses parents Iguanodon en essayant de décoller ? Les chercheurs contemporains ont trouvé une quantité de fossiles de ces malheureuses bestioles au pied des falaises de l'ère mésozoïque, ce qui tendrait à prouver la justesse de cette hypothèse.

Les affrontements dantesques entre Triceratops ne se résument donc qu'à des combats de coqs. Gros coqs, il est vrai. Quand on sait que le *Triceratops Horridus* et le *Passer Domesticus* sont de la même famille, et que *Passer Domesticus* n'est jamais que le nom scientifique du moineau commun de nos ruelles ! On envisage l'évolution de la vie sur notre terre d'une manière plus sereine.

Mais comment passe-t-on de l'état de « Ostéichtyen besogneux en milieu marin » à celui de « Dindonneau préhistorique élevé en plein air » ? L'explication qui va suivre n'est peut-être pas totalement avérée mais elle a le mérite d'une certaine logique. Si le monde des dinosaures vous agace, si vous préférez l'intégrale des films de Bergman en V.O. au coffret de la série des *Jurassic Park*, vous pouvez là aussi passer au chapitre suivant. Mais ce serait dommage. Tout le monde sait qu'ils ont disparu dans des circonstances tragicomiques, mais peu de nos contemporains ont eu droit à des explications aussi éclairées que celles qui suivent sur le pourquoi et le comment de ces bestioles au grand cœur, au sang chaud et au cerveau étroit.

Donc…

Après une période assez longue de dilettantisme le long des golfes clairs, les premiers amphibiens se sont décidés à regarder plus loin que leurs plages de sable fin. Ce regain d'ambition les a poussés à faire preuve d'imagination, ce qui à cette époque comme de nos jours, n'était pas la philosophie la plus répandue. Jusque-là, les amphibiens rampaient. Ils utilisaient leurs vieilles nageoires charnues comme des pagaies sur les galets afin d'explorer les fosses boueuses à proximité des embouchures de fleuve, avec cette angoisse permanente rivée aux tripes que la marée montante ne vienne les reprendre et les ramène vers les abysses dont ils s'étaient extraits avec difficulté. Les membres se sont allongés, musclés. Les nageoires charnues sont devenues des bras et des jambes.

Du coup, les premières mains se sont développées. Et du coup, les premiers doigts, assez rapidement. Et du coup, les premières grossièretés, aussi. Et les premières fâcheries, normal. Les majeurs se dressaient, hauts et insultants. Mais l'Ostéichtyen était besogneuse et peu encline à la rancune. Et puis, une main avec des doigts, c'est quand même pratique, pour plein d'usages, surtout quand on est un amphibien qui tente de s'extirper de sa condition animale trop primaire. L'Ostéichtyen besogneuse s'est donc dotée d'une narine pour y fourrer ses doigts. Le reste a suivi. Avec le changement de paysage, les tubes digestifs se sont adaptés aux régimes herbivores. À force de se cogner le crâne contre les troncs des arbres, les systèmes oculaires se sont précisés. Sur la terre ferme, une bonne vision devenait un facteur de survie essentiel.

En son temps, au fond des mers, accrochée à son rocher, l'ascidie blanche avait déjà développé un œil, à proximité de son anus. Hélas, il n'y avait qu'un seul œil. Et pas très judicieusement placé. Mais quand même, un œil, c'est pratique. Et utile. Suite à cette belle trouvaille de leurs prédécesseurs et après expertise, les poissons s'étaient dotés d'une vision plus étendue. Leur service ingénierie avait phosphoré, week-end et jours fériés. Ils s'étaient imaginé un globe oculaire de chaque côté de la gueule, au risque de faire ricaner leurs copines les soles. Ce qui n'avait pas loupé. Une vision plus périphérique prévenait des attaques de prédateurs. Malin !

Les soles et leurs cousines les limandes s'en battaient les branchies. Elles passaient leurs journées à flemmarder sous la silice, au fond, et ne connaissaient aucun autre prédateur que les rochers tombant des falaises. Il leur suffisait donc de s'éloigner un peu des falaises. À paresser à longueur d'années sur leurs bancs de sable, les soles se sont exclues du processus de l'évolution. À y réfléchir, c'est pas plus mal. Aujourd'hui, nous aurions tous des gueules de sole, les deux yeux du même côté de la figure, comme sur un portrait peint par Picasso. Et sans parler de la morphologie de limande de Kate Moss généralisée à la terre entière, un genre de cauchemar plat.

L'évolution suivait son cours dans les plaines verdoyantes du continent émergé. Les amphibiens évoluaient. Avec l'apparition d'une paire d'yeux bien pratique pour se repérer dans ces contrées inexplorées, l'arrivée de petites jambes musclées avait décuplé leur vitesse de déplacement. Comme la nature est bien faite, leur bonne vue leur permettait d'anticiper les virages trop raides. Cette vision performante facilitait aussi les rencontres amoureuses, la cueillette des asperges sauvages et le lancer de fléchettes, avec un bémol tout de même : les amphibiens avaient bien inventé les fléchettes, mais pas encore la cible pour les fléchettes.

Des yeux, donc ! Deux. Un de chaque côté. Ronds comme des sous-tasses pour expresso. Les ophtalmos pouvaient commencer à s'imaginer un cursus universitaire pour devenir professionnels. Les bestioles en cours d'évolution pourraient désormais prétendre à deux paires de lunettes pour le prix d'une, sous condition, lire la notice, renseignements chez tous les opticiens adhérant à l'opération.

Pour certains, l'apparition de la vue était une aubaine. Les amphibiens de la Côte d'Azur profitaient enfin des levers de soleil sur Monaco, du spectacle de jeunes créatures dénudées en pleine séance de bronzage et des crépuscules rougeoyants sur les contreforts de l'Estérel. Ils étaient chanceux. Les amphibiens embourbés entre Gravelines et Dunkerque se sont longtemps posé la question d'un réel intérêt à observer les ciels plombés, les ressacs d'un gris sinistre et la bruine incessante qui non seulement pourrissait leur horizon déjà bas, mais surtout les glaçaient jusqu'à la colonne vertébrale.

Bien. Ils bouffaient. Ils voyaient. Ils bougeaient. Ils copulaient aussi, parfois. Mais ils ne ressemblaient à rien. Cet état de quasi-poisson à pattes plus ou moins courtes avec des gros yeux, un estomac en baudruche et une queue rabougrie était grotesque. Mais alors ? Quel design idéal à atteindre pour accéder à un avenir radieux ? L'escargot ? Pas question de ramper et de baver à longueur de générations, avec des cornes molles en haut du crâne. La moule ? Personne ne voulait terminer sa vie entouré de frites dans une pâle marinière au vin blanc frelaté. Un cactus avec ses épines arrogantes ? Bonjour la convivialité ! Ou bien devenir un être fonctionnel : avec deux pattes pour se déplacer, des plumes pour tenter de voler, un bec pour casser la coquille des noisettes et un appendice de couleur vive sur le crâne pour amuser les enfants en provoquant des ombres chinoises en forme de casque à pointe sur les parois des falaises… Les descendants des protozoaires avaient trouvé le modèle idéal pour pérenniser leur espèce. Tendre vers l'ergonomie du poulet semblait la bonne idée.

La liste de Schindler

« Vous alliez à quel étage ?

— Au second.

— Moi, je serais vous, je monterais à pied. Parce que là, ça va être long.

— L'ascenseur est en panne ?

— Non, c'est juste que je fais la maintenance de l'appareil. J'en ai pour une bonne heure. Vous devriez monter à pied.

— Une heure pour une simple maintenance ?

— En gros, oui. Pour voir s'il n'y a pas de problème.

— Quel problème ? Y en a pas, de problème.

— Je sais. La maintenance, c'est fait pour ça, justement. Alors, vous voyez ma liste, là ? Je vérifie. Point par point.

— Si c'est juste pour vérifier qu'il marche, je peux vous confirmer qu'il marche, votre ascenseur ! Tous les jours, il marche. On est un paquet à l'emprunter, votre ascenseur.

— Il peut bloquer, à force. Et s'il bloque, là, vous faites quoi ?

— Là, on vous appelle, vous venez, vous réparez. Il doit y avoir un contrat pour ça. Non ?

— Un contrat ?

— Une veille technologique !

— C'est moi, la veille technologique. Il peut tomber aussi.

— En panne ?

— Non, juste tomber. Plouf. Six étages.

— C'est possible, ça ?

— En principe non. Mais bon, ça peut. Et six étages, quand même.

— Moi, je travaille au second.

— Ah ! Et alors ?

— Alors, c'est pas haut.

— Ah, dans ce cas ! Bon pour vous. Y a personne qui travaille au sixième ?

— Si, la direction. Mais ils sont jamais là. Nous autres, au service juridique, on est au second. Avec le gros du personnel.

— Le gros du personnel ? Faites gaffe à la surcharge, quand même, avec le gros du personnel.

— Pourquoi ?

— Non, c'est juste de l'humour d'ascensoriste. Laissez tomber !

— Ça aussi, c'est de l'humour d'ascensoriste ?

— Quoi donc ?

— “Laissez tomber.”

— … ?

— Laissez tomber.

— Et sinon, vous êtes nombreux ?

— À travailler dans cet immeuble ? Une bonne centaine.

— Tant que ça ? Ah oui, quand même ! Vous travaillez sur papier ? Ou vous avez des machines à écrire comme dans les films ?

— Quels films ?

— Et ben, les films ! Dans les films, les écrivains, ils tapent sur des vieilles machines à écrire. Vous faites comment, ici ?

— Ici ?

— Ici, oui ? Dans cet immeuble ? C'est bien ça, ce que vous faites. Des livres ? Non ?

— Heu, oui.

— Ah ! C'est bien ce que j'avais compris. Et c'est vous, Harry Porter ?

— C'est moi, Harry Porter ?

— Le truc des magiciens, là ? Harry Porter ? Le bouquin pour les gamins qui volent avec les baguettes magiques ? C'est vous ?

— Ah non. C'est pas moi.

— C'est ballot ! Vous vous seriez fait des couilles en or. Vous écrivez quoi, vous ?

— Moi ?

— Ben oui, vous ! Vous travaillez bien ici, non ? Vous écrivez quoi, comme livres ?

— Je n'écris pas de livres.

— Mais alors, vous faites quoi ?

— Je travaille au service juridique.

— Vous travaillez dans une maison d'édition, vous faites dans le juridique, et vous écrivez pas de livre ? Les livres sur les affaires criminelles, tous ces polars sur les procès, tout ça ? C'est pas vous ?

— Eh non.

— Mais alors, vous servez à quoi ?

— Je fais partie d'un service qui gère les problèmes juridiques de la société.

— Un vrai service ? Avec d'autres gens qui font le même taf que vous ? Vous êtes combien à vous occuper de ça ?

— Huit.

— Huit ? Et vous en avez beaucoup, des problèmes juridiques, pour avoir huit personnes qui s'en occupent ? Parce que moi, je croyais que tous les romans, c'étaient des histoires inventées. Alors du coup, si c'est pas des vraies histoires, je vois pas pourquoi il y aurait des problèmes juridiques avec des histoires inventées. Non ?

— Nous ne nous occupons pas du contenu des livres.

— Comment vous faites, alors ?

— Il y a un service éditorial pour ça.

— Un service éditorial ?

— Bien évidemment. Comme il y a un service qui s'occupe des ventes à l'étranger, un service qui s'occupe de la comptabilité, un service affecté aux fiches de paye, un service commercial, les relations presse, le service spécifique qui gère les relations avec les distributeurs, un service informatique avec son service intégré pour la maintenance informatique, un service réseau, un service communication avec son propre service de développeurs du web pour l'externe et un service spécifique pour la com' interne, un service pour les droits d'auteur, un service du courrier par étage, le service des expéditions en bas, les ressources humaines en haut, les archives dans le bâtiment au bout du parking. Y a aussi un service réduit de graphistes mais j'en parlerai pas, parce qu'actuellement le chef de service est en congé maternité, son adjoint en récup' d'heures sup', et leur stagiaire est en dépression. Et encore, je ne vous parle pas du secrétariat de direction, des délégués au C.E., du bureau des représentants syndicaux détachés, de celui des délégués syndicaux autonomes, du standard téléphonique et de l'assistance sociale. Nous, c'est le service juridique.

— Et les livres ?

— Quels livres ?

— Et ben les livres ! Comment vous faites pour les bouquins ?

— Mais quels bouquins ?

— Les bouquins ! Qui c'est qui écrit les bouquins, chez vous ?

— Ici ? Personne.

— Sur cent cinquante personnes qui travaillent dans votre maison d'édition, y en a pas un seul qui écrit ?

— Si ! Y a Marie-Lo, du service du personnel, qui rédige les posts pour la page Facebook du Comité d'établissement. Et aussi Mireille de la compta' pour le bulletin bimestriel du C.E. Mais comme elle essaie de faire de la poésie, avec des rimes et tout le bastringue, y a personne qui lit jamais le bulletin bimestriel du C.E.

— Deux qui écrivent sur cent cinquante ?

— Elles écrivent pas toujours. Quelquefois, Marie-Lo préfère mettre des smileys. C'est plus sympa. Et c'est du bénévolat.

— Et pour les livres, comment vous faites ?

— Pour les livres ? On avait un comité de lecture. Mais comme ils doivent prendre leurs décisions à l'unanimité, on a externalisé le problème. On travaille avec deux agents littéraires.

— Deux agents ?

— Voilà ! Bon, ça y est ? L'héritier Schindler, il a terminé avec son testeur, sa liste des courses et son tournevis, là ?

— Non. Je commence à peine ma maintenance. Vous avez vraiment envie de vous fracasser avec l'ascenseur la prochaine fois que vous monterez voir la direction au sixième étage ? Et s'il tombe, l'ascenseur, qui c'est qui va être emmerdé ? Parce que s'il tombe, c'est votre service juridique qui va me tomber dessus.

— Notre service juridique ? Sûrement pas. Nous, on s'occupe uniquement du juridique lié à l'édition. Pour le reste, on passe par des cabinets privés.

— Vous avez un service juridique et dès qu'il y a un problème, vous faites appel à quelqu'un d'autre ?

— Nous externalisons les services lorsque le problème est hors de nos compétences.

— Vous externalisez ?

— Voilà.

— Vous externalisez tout, en fait ?

— Pas tout. Chaque service a une définition de fonction et un cahier des charges spécifiques.

— Un cahier des charges ?

— Voilà. Lorsque l'activité requise sort du cahier des charges, on externalise.

— Vous branlez rien, en fait ?

— Bon, je crois que je vais emprunter l'escalier. »

Poulets fermiers du Jura (sic)

Le poulet semblait le modèle idéal à suivre. Mais tous n'étaient pas d'accord avec cette piste de travail. Il y avait même de sérieuses réticences au sein de la tribu des Ostéichtyens. Les batailles d'ego, une certaine paresse intellectuelle, une crainte collective de se lancer dans la mauvaise direction : la situation n'était pas la plus simple.

Après quelques siècles d'attente et de réflexion, un grand conseil des sages s'est réuni en territoire neutre. Jurassique oblige, la scène s'est déroulée dans les salons d'un hôtel spécialisé dans les congrès, à Oyonnax. Ni Dole, ni Salins-les-Bains. Oyonnax ! L'établissement accueillant ce séminaire avait été suggéré par un des derniers rares amphibiens encore intéressés par le Scrabble, bien que les noms de localité soient strictement refusés dans le règlement du jeu. La Suisse, déjà réputée à l'époque pour sa neutralité, était à proximité juste derrière la montagne, ce qui rassurait les organisateurs.

Leurs débats furent agités. Mais constructifs. Après quelques négociations bien menées, un clash définitif avec les membres de la section « reptiliens » et un vote à la quasi-unanimité, les descendants des protozoaires ont décidé de devenir des poulets. La résolution a été fêtée par une indigestion de galette comtoise, un petit karaoké convivial autour des chansons de Dalida et une chorégraphie montée sur *La danse des canards* suite à une erreur de traduction. Ainsi sont nés les dinosaures du Jurassique, par une décision démocratique et incontestée. Des poulets, pas très éloignés de la Bresse, du coup. Il ne faut pas s'étonner de nos jours de la réputation tout à fait justifiée des volailles des abords de Nantua, la raison en est historique.

Les dinosaures ont alors commencé à parcourir le vaste monde, colonisant les territoires les plus contrastés, s'adaptant au gré des reliefs et des climats. La loi de la jungle régnait, même dans les contrées désertiques sans le moindre palmier ni la moindre liane. C'est dire à quel point la situation était sauvage, et à quel point la notion de jungle était subjective !

Le *Camarasaurus lentus* arpentait les plaines du Far West, mais il était *lentus*, ce qui exaspérait les *Cetiosaurus*. Les Dakotaraptors frimaient sur leurs pattes arrière comme tous les théropodes, une attitude très tentante pour les *Gorgosaurus*, cruels mais farceurs et très habiles aux croc-en-jambe. Le Machairoceratops cultivait la longueur de ses cornes, sa femme contribuant en grande partie à cette morphologie caractéristique des mâles trompés.

L'Amérique profonde n'avait pas le monopole des embrouilles entre dinosaures. Partout où ces animaux se sont développés, c'était la crise. Que ce soit les Labocania avec leurs moignons grotesques, les Lythronax avec leurs dents jetées en vrac dans la mâchoire, les *Alamosaurus* avec leur cou démesuré ou les Dracorex avec leur gueule de faux-cul, tous n'avaient qu'une obsession : montrer aux autres que leur queue était la plus grosse. Question d'ego mais question d'équilibre, surtout.

Les reptiliens avaient anticipé l'imbroglio. Prévisible ! Eux-mêmes n'étaient qu'une longue queue rampante et ne pouvaient devenir que les boucs émissaires de cette crise existentielle. Ils s'étaient échappés dès le début du congrès d'Oyonnax. Chez eux aussi, l'évolution a poursuivi son œuvre constructrice, au point de damer le pion à tous ces prétentieux volatiles à grosse queue et à la démarche balourde. Les reptiliens ont été les premiers à développer des membranes entre leurs longs doigts, ce qui leur a permis de commencer à voler. Et ça a marché plutôt pas mal.

Les Ptérosaures ont prospéré, diverses branches de la famille se sont éparpillées. Comme eux volaient vraiment, ils allaient beaucoup plus loin et beaucoup plus vite que leurs copains poulets englués dans leurs conventions du congrès jurassien. L'histoire a même retenu une phrase mémorable, prononcée à l'époque par un vénérable de la famille *Rhamphorhynchidae* à la sortie de son cabinet d'orthophonie : « Non, mais putain, des poulets, quoi !... »

Bientôt, les Ptérodactyles régneraient sur le monde. Enfin, ils en étaient persuadés. Dans ces stratégies expansionnistes, on a du mal à anticiper sur tous les accidents, surtout les plus imprévus...

L'ascenseur social

« Ça arrive souvent ?

— Des pannes comme celle-là ? Non, pas souvent. Uniquement après le passage du gars de la maintenance. Mais à chaque fois qu'il passe, par contre, ça ne loupe pas. Coincés dans l'ascenseur entre le deuxième et le troisième étage.

— Drôle de paradoxe !

— Ha ! Je m'en doutais.

— Quoi ?

— Vous, vous n'êtes pas de la maison.

— Si… enfin, un peu. Pourquoi ?

— Pour utiliser des mots savants comme "paradoxe" à bon escient. Vous êtes un littéraire, vous ? Ici, ils utilisent plutôt le vocabulaire des écoles de commerce et des boîtes de com'.

— J'avais remarqué.

— Ils me fatiguent, tous.

— Bon, en attendant, on est coincés entre deux étages. Ça va durer longtemps ?

— Le temps que le gars de la maintenance revienne. Vous n'êtes pas claustrophobe, au moins ?

— Non, ça va. Votre ascenseur doit être de la même marque que votre machine à café.

— Quelle machine à café ?

— Celle qu'ils ont installée dans l'espace convivialité, au troisième étage. Elle ne marche jamais.

— Ils m'épuisent avec leurs lubies. Ils ont installé une machine à café, maintenant ?

— Une usine à gaz ! Une grosse. Un barnum sophistiqué, avec tout le confort moderne. D'après ce que j'ai compris, c'est la responsable de la Commission hygiène et sécurité qui s'est chargée de valider l'opération.

— Geneviève Dumas-Legrand ? La syndicaliste déchaînée ? Mais pourquoi ? Elle ne boit que de la tisane.

— Sans doute une attention bienveillante pour ses collègues.

— Geneviève Dumas-Legrand, bienveillante ? Vous qui êtes un littéraire, c'est un oxymore. Toutes les filles de l'étage boivent du thé à longueur de journée. Et les hommes sont trop occupés avec leurs connexions internet et leurs sites de cul pour faire un détour par la cafetière. Vous faites quoi, vous, ici ?

— Je suis juste de passage dans vos murs.

— Vous venez pour la machine à café ?

— Non. Je suis auteur.

— Non ?

— Vous en faites, une tête !

— Ça existe encore, des auteurs ?

— Comment vous dire.

— Excusez-moi, je vous taquine. Mais c'est tellement rare ici, un auteur. Comprenez-moi ! Nous sommes une grosse maison d'édition, d'accord ?

— Jusque-là…

— Le juridique et la comptabilité du deuxième étage comptent trente-sept employés. Les commerciaux et le service éditorial du troisième en salarient quarante-deux. Sans compter la fabrication et les graphistes. Et les gars des stocks, en bas. Et les geeks de l'informatique encroûtés sur deux étages, juste sous les bureaux de la direction. Et vous êtes le premier auteur que je croise depuis deux mois. Enchanté !

— Et vous, vous êtes ?

— Je m'appelle Francis Minesta. C'est moi qui ai monté cette maison d'édition. Vous vous appelez ?

— Jean-Paul Lacanti.

— Ah oui, je crois savoir. C'est vous, le spécialiste de Maupassant ?

— Exact, monsieur Minesta ! C'est bien mon problème actuel.

— Chacun son problème du moment.

— Allons bon ! C'est quoi, votre problème du moment ? À part l'ascenseur en panne dans lequel nous sommes coincés et le caractère irascible de votre responsable CSHCT.

— Mon problème ? Simple. Nous sommes censés être des éditeurs. Nous employons donc plus de cent cinquante personnes. Et sur ces cent cinquante personnes, il n'y a pas un seul auteur, justement. Nous sommes tombés au niveau zéro de la créativité. Il est là, mon problème du moment.

— Cette prise de conscience vous honore.

— Ça m'honore et ça s'arrête là ! Tout le monde s'en fout, de la créativité et de la littérature. L'entreprise marche très bien sans. Même mieux. Nous avions bien le service du rewriting, mais nous avons dû externaliser. Y a aussi les deux correcteurs, mais ces deux guignols n'ont plus rien corrigé depuis notre réédition calamiteuse des *Misérables* version punk. Et sinon, y a cette pauvre cruche qui travaille à la compta' et qui assomme tout le personnel avec sa poésie imbitable dans le magazine interne de la boîte. Mais sinon, pas un seul vrai écrivain à l'horizon.

— Encore un paradoxe.

— À ce niveau d'absurdité, ça ne tient plus du paradoxe. Nous sommes censés produire des livres, des romans, de la littérature. Mais nos disques durs sont gavés de tableurs Excel et de PowerPoint sur les résultats des ventes et sur les économies d'échelle de la comptabilité analytique. Les manuscrits originaux, eux, tiennent dans la moitié d'une clef USB. Heureusement, j'ai peut-être trouvé la solution à tous mes problèmes.

— Vous allez faire un appel à projet ?

— Quels projets ?

— Des projets littéraires ?

— Non. Nous n'en sommes plus là ! Mais alors, plus du tout. C'est superbe d'écrire des livres, mais personne ne les lit.

— Pourtant, des écrivains… Vous êtes un éditeur ! Vous êtes là pour fabriquer des livres, non ?

— Des livres ? Vous avez lu *Destins écroulés* ?

— Hélas !

— Votre "hélas" résume mes états d'âme, mon pauvre ami. Sauf que notre chiffre d'affaires de l'année passée s'est fait autour de cette bluette grotesque.

— Vous avez sorti d'autres titres, non ?

— Oui. Nous avons aussi ajouté à notre catalogue fiction *Vendetta à Saint-Tropez*, un polar ridicule soi-disant écrit par une gourde à grosse poitrine venue tout droit de la téléréalité. Le service com' s'est servi d'un logiciel d'écriture automatique, et c'est une stagiaire du service polar jeunesse qui a corrigé les épreuves. Un vrai carton ! Surtout en grandes surfaces.

— Ah oui, j'ai vu l'adaptation pour la télé. Ils avaient changé le titre, non ? *Dernière autoroute pour la vengeance* ?

— Voilà ! Ils avaient changé l'histoire et les personnages pour que la gourde à grosse poitrine puisse jouer le rôle principal. Affligeant, non ?

— Assez.

— Figurez-vous que c'est un des plus gros achats de droit d'adaptation que nous ayons touchés. Et le plus gros audimat de la chaîne de télé en question. Alors…

— Vu comme ça !

— Mon pauvre vieux ! Nous ne parlons plus de littérature, c'est terminé. Je suis certain que si votre Maupassant se pointait aujourd'hui avec un manuscrit, notre comité de lecture le rejetterait sans aucune hésitation.

— Je sais bien. Que faire ?

— Passer à autre chose. J'ai un projet avec un gros groupe de presse étranger. Je vais diversifier. Mais si je peux vous donner un conseil, laissez tomber Maupassant.

— Je fais quoi alors ?

— Vendez du rêve ! Les rares lecteurs qui restent sont des lectrices, essentiellement. Leur quotidien est tellement morne qu'elles sont prêtes à adhérer au premier récit facile à lire qui les fera fantasmer. Et puis, faites du polar, c'est le bon créneau aujourd'hui.

— C'est bien ce que m'a proposé Simon Alberge.

— Ah, il n'est plus dans nos murs. Simon Alberge est parti chez un de nos confrères la semaine dernière. Il va s'occuper d'une collection érotique chez notre concurrent direct.

— Qui va s'occuper de mon roman, alors ?

— Je ne sais plus qui on a mis à sa place. Posez la question à Mélanie, la secrétaire du service fiction. Ou demandez le bureau d'Hervé Buonavita. C'est lui, mon associé, qui gère les affaires courantes entre ces murs. Mais réfléchissez, Jean-Paul. Le polar contemporain destiné à un public féminin, un petit bouquin qui sent un peu le soufre et pas mal la rose. Pas comme dans cet ascenseur. Vous sentez l'odeur, là ?

— C'est quoi ? Ça sent l'oignon ou je délire ?

— Non, c'est exactement ça. Ça pue l'oignon. On doit être mercredi.

— Ah ? Le mercredi, ça sent l'oignon, ici ?

— Non. Le mercredi, y a un escroc du marché de gros qui vient avec ses paniers paysans et sa camionnette pourrie. Ils sont tous accros à la cérémonie du panier bio. Le type saupoudre de terre ses légumes récupérés dans les poubelles et les vend une fortune. Il se gave. Faites la même chose, Jean-Paul. Saupoudrez de poussière bio vos vieux manuscrits. Présentez-les avec une fille à poil pour attirer l'œil, mais en noir et blanc pour faire artistique. Et n'oubliez pas une quatrième de couv' qui vous flatte à fond. Et vendez ce rêve-là à tous les bobos qui vous entourent. Ils n'attendent que ça.

— Et pour Maupassant ?

— Ah, c'est vrai. Pour Maupassant, attendez le passage du gars de la maintenance de l'ascenseur. Et observez.

— … ?

— Eh oui ! Le mécanisme est le même.

— C'est-à-dire ?

— Dites-vous bien que même après son passage, ça ne marchera pas. Laissez-le bricoler tout seul et oubliez l'ascenseur.

— Oublier l'ascenseur ?

— Si votre but en venant ici est de prendre l'ascenseur, c'est une chose. Mais ça n'a pas grand intérêt, le trajet en ascenseur. Par contre, si votre but en venant ici est d'atteindre le troisième étage et ses commerciaux déchaînés à vendre des livres à succès, il ne vous en reste plus qu'un seul à monter à pied pour atteindre le service communication et ses photos de cul. Et le succès ! »

La fonte des glaces (tome 1)

Et d'un seul coup, sans prévenir, la première extinction massive !

Une mauvaise blague, un coup vicieux. Tous ces efforts, toute cette inventivité, une si prometteuse évolution mis en péril par un malheureux coup du sort. Ou plutôt une fourberie. Parce que tout de même, à ce niveau-là, ce n'est plus de la malchance, c'est de la malveillance. Avec toute la place disponible dans tout l'espace de tout l'univers connu et inconnu, qu'un astéroïde en perdition vienne s'échouer pile sur notre planète ? C'est un peu comme tomber sur l'aiguille d'il y a deux ans dans la botte de foin des moissons de l'année en cours. À se demander si c'est pas de la mauvaise volonté de la part d'un créateur céleste qui aurait les boules d'avoir loupé la première partie de son dessein.

C'est vrai, et le constat était amer : le début de l'aventure n'était pas exactement à la hauteur de la réussite espérée. Après avoir grenouillé pendant des ères entières dans une eau saumâtre au milieu d'une géologie sans intérêt, en passant par des étapes aussi glauques qu'amibes, bites des mers, poissons bornés, amphibiens branleurs, la vie s'annonçait conflictuelle à tous les étages. Les dinosaures passaient leur temps à brouter les arbres et à s'entre-déchirer les chairs dans des batailles intercommunautaires dantesques. Les reptiliens se faufilaient entre les pattes des impétrants pour récupérer à bas prix et sans effort quelques bribes de nourriture putride et des feuillages échappés de la gueule des combattants. Les repas des reptiliens s'en trouvaient équilibrés, fibres et protéines, mais la qualité gustative n'était pas au rendez-vous. Ni la convivialité. Les ptérodactyles survolaient le désastre avec une moue dédaigneuse qui en disait long sur le crédit qu'ils apportaient à tout ce bordel bruyant. Les premiers insectes proliféraient sans trop savoir où partir butiner. Et la végétation gagnait sur les terres émergées. Les lianes étouffaient tout sur leur passage, les fougères se demandaient ce qu'elles foutaient là, les feuillus se lamentaient des attaques sournoises des Brachiosaures, les plantes grasses développaient des épines afin de parer au harcèlement des Protocératops.

Le spectacle ne portait pas à l'optimisme. Si le paradis sur terre ressemblait à cette cour des miracles sauvage, les hagiographes auraient du mal à vendre du rêve dans les années à venir. Hasard ou volonté divine, un gros caillou venu de l'espace n'a pas attendu la fin du Permien pour venir s'échouer et déclencher une série de catastrophes providentielles. Là non plus, les scientifiques n'arrivent pas à s'accorder. Certains affirment que le gros caillou de l'espace s'est perdu dans le golfe du Mexique. D'autres évoquent le nord-ouest de l'Australie, d'autres encore la Sibérie. Ils ne sont pas d'accord sur les effets non plus. Certains parlent de montée du niveau de la mer, d'autres d'une baisse significative. Certains évoquent la libération massive d'hydrates de méthane des océans, d'autres une recrudescence de l'activité volcanique. Raz de marée, tsunami de folie, éruptions titanesques, les effets ont été dévastateurs. On aurait été surpris à moins.

Le dégât des eaux géant provoqué par le météorite a fait monter la température des océans. Sa chute a déchaîné les entrailles de la terre, entraînant des séismes et le réveil de volcans gigantesques. Le magma pouvait s'échapper, grillant tout sur son passage. Un nuage de fumerolles aussi épais qu'une purée lyophilisée montée à l'eau tiède a enveloppé le globe terrestre. Et c'est là qu'une fois de plus, la logique n'est pas au rendez-vous. Avec toute cette fournaise, le responsable de l'extinction de plus de neuf espèces vivantes sur dix serait la période glaciaire qui a suivi. C'est absurde. Un peu comme un réchaud à gaz qui produirait des glaçons. Mais le résultat est là : plus de dinosaures, plus de mollusques géants, plus de fest-noz entre Triceratops, plus de bains de minuit pour les arthropodes des mers chaudes.

Avec ce coup de torchon, la place était libre pour reconsidérer l'évolution de manière plus sereine, en tenant compte de toutes les bavures de la phase précédente. Et enfin, mettre en place des gentils quadrupèdes à crinière qui hennissent dans le vent du soir, des ours blancs majestueux qui font les clowns sur les pentes des icebergs, des jolis papillons qui colorent les champs printaniers, des chats tachetés qui ronronnent au coin du feu et des bipèdes blonds aux yeux bleus pour profiter de tout ce bien-être. Et même si les reptiles sont toujours de la partie, ce ne seraient plus d'énormes monstres rampants capables d'avaler des éléphants sans mâcher, mais des petits serpents pas trop venimeux et des lézards rigolos qui se trémoussent au soleil sur les façades des cabanons. Et si certaines espèces sont capables de se déplacer à tire-d'aile, ce ne serait plus d'immondes Hatzegopteryx qui déversent une tonne de guano à chaque flatulence, mais des mésanges au sifflement enchanteur ou des corneilles au plumage soyeux.

C'est ainsi que se posait le problème. Vous avez cent quatre-vingt-cinq millions d'années, et je ramasse les copies.

La fonte des glaces (fin)

« Tu as su pour Mélanie ?

— Quoi donc, Geneviève ?

— Elle divorce !

— Je sais, Geneviève.

— Non, mais, Marie-Lo ? Tu te rends compte ? Mélanie quitte son Bichou !

— Eh oui.

— Elle nous a gavées avec son Bichou pendant des années et là, d'un seul coup !

— C'est vrai qu'elle nous a bien gonflées avec son Bichou.

— Son Bichou par-ci, son Bichou par-là ! Son Bichou c'est le meilleur, et son Bichou est un homme merveilleux, et son Bichou est l'amour de sa vie ! Et paf, son Bichou, terminé ! Du jour au lendemain.

— Eh oui.

— Tu te rends compte, Marie-Lo ! Tout ça à cause de *Casse-Noisette*.

— Oui. Enfin, c'est pas seulement *Casse-Noisette*, la cause.

— Non. Mais oui ! Si *Casse-Noisette* sur glace ne s'était pas arrêté en plein milieu à cause de la glace qui fondait, ils auraient terminé le spectacle. Et Mélanie ne serait pas rentrée chez elle plus tôt. En fait, s'ils avaient mené le spectacle jusqu'au bout, peut-être que Mélanie ne se serait rendu compte de rien.

— Sans doute, Geneviève.

— Il paraît que c'était un beau spectacle, *Casse-Noisette*, quand même. La petite se régalait avec les danseuses en tutu violet sur la patinoire. Ça devait être très joli, avec la musique. Le gamin a râlé tout le temps, mais avec la rougeole, c'était couru d'avance. Mais il a pas eu froid.

— C'est une chance !

— Le matériel frigorifique ne marchait pas. Les danseuses ont commencé à se ramasser sur la surface trop molle. C'était plus du patinage sur glace ! Ça commençait à ressembler à de la natation synchronisée.

— C'est dommage.

— Tu n'y es pas allée, toi, Marie-Lo ? À *Casse-Noisette* sur glace ?

— Non.

— Il nous restait des places, au Comité d'établissement. C'est dommage ! Tu n'as pas regretté ?

— J'étais un peu occupée, ce jour-là.

— Mouais… Ça a dû être un choc pour Mélanie ! Tu imagines ? Tu rentres chez toi et tu retrouves ton homme avec une autre. Les boules ! Pourquoi tu souris, Marie-Lo ?

— C'est cette expression qui m'amuse !

— Quelle expression ?

— "Les boules"… C'est rien.

— Pourquoi ?

— Rien du tout, Geneviève ! C'est sûr, ça lui a fait un choc, à cette pauvre Mélanie.

— Son Bichou ! Quel enfoiré !

— Bah, on ne peut pas juger. On ne sait pas forcément tout. C'est la vie privée, Geneviève.

— Oui, mais quand même. Il est commercial, non ?

— Qui donc ? Son Bichou ? Il est force de vente chez un concessionnaire de voitures de luxe.

— Tu le connais ?

— Un petit peu.

— Et Mélanie ? On ne l'a plus vue, ici.

— Elle est arrêtée en médical. Pour une durée indéterminée. Dépression ! Et je ne pense pas qu'elle revienne de sitôt ! Elle est choquée. Et puis, elle gère son divorce aussi. Et elle s'occupe de ses gamins.

— Pourquoi tu souris, Marie-Lo ?

— Rien ! C'est juste que des fois, il vaut mieux que les choses arrivent brutalement plutôt que de traîner pendant des années. C'est peut-être pas plus mal, au final, pour Mélanie.

— La pauvre Mélanie ! Elle marche, l'eau chaude ?

— Pardon ?

— Elle marche, l'eau chaude de la machine à café, Marie-Lo ?

— Pour ta tisane ? C'est le quatrième bouton, sous le petit robinet. L'eau chaude marche, mais y a plus assez d'eau dans le réservoir. Alors elle marche pas, en fait. À part pour encore deux ou trois dosettes.

— Zut !

— Moi, je voulais me faire un thé, mais c'est pareil.

— En principe, ils vendent aussi des dosettes de thé pour cette machine. Mais c'est du matériel classé cancérigène possible par le Circ.

— Le cirque ? Quel cirque, Geneviève ?

— Non, le C.I.R.C, le centre international de recherche sur le cancer. Ils ont trouvé plus de cent cinquante milligrammes de furane par millilitre avec les dosettes de thé. Sans parler des résidus de zinc ! Il vaut mieux venir avec son sachet.

— Sauf qu'il n'y a pas d'eau. Jean-Laurent n'est pas là en ce moment ? C'est lui qui s'occupe de l'eau dans la machine, d'habitude.

— Il a posé un congé maladie hier. Tu sais quoi, Marie-Lo ?

— Quoi, Geneviève ?

— Il paraît… enfin, c'est un bruit qui court… mais il paraît que… je sais pas comment te dire… Il paraîtrait que Mélanie, elle a retrouvé son Bichou en compagnie d'une fille d'ici !

— Non, sans blague ?

— Si ! Mais je vois pas qui ça peut être. Tu as une idée, toi ?

— Pas exactement une idée, en fait. Je crois voir à peu près.

— Non ? Sérieux ? Et alors ? C'est qui ?

— Je peux pas te le dire.

— Pourquoi ?

— C'est la vie privée, Geneviève. Et puis, les rumeurs courent tellement vite dans les open spaces ! »

Sapiens and Co (tome 1)

À l'aube du sixième jour, le Créateur a pris une poignée de terre. Avec cette argile couleur chair, il a modelé une belle silhouette aux formes arrondies.

Dans le creux de ses paumes, il a galbé l'arrière. Puis il a cintré son objet à mi-hauteur. Avec ses pouces, il a formé des creux harmonieux, ourlé une bouche généreuse, imaginé une assise délicate. Le créateur a pris du recul, il semblait satisfait. Sa création sublime exprimait une dynamique originale, suggérait une sensualité inédite et inspirait les compliments.

Il a cherché une phrase qui passerait à la postérité, en rapport avec son œuvre. Il a bien pensé à quelque chose du genre : « *Ce que je viens de créer est à mon image.* » Il s'est assez vite ravisé. Il venait d'achever une très jolie carafe en poterie et s'est rappelé que l'autre nom pour cet objet était une « cruche ». Et il était malvenu de suggérer à l'ensemble de ses contemporains et aux générations à venir que lui-même ressemblait à une cruche et que c'était son idéal de vie. D'autres phrases définitives mais aussi inutiles lui sont venues à l'esprit, mais les expressions « tomber en carafe » et « comme une gourde » y étaient trop présentes. Il a mis sa poterie au four et a alimenté le foyer en bûches, avant de partir boire des bières avec ses copains Homo sapiens.

Parce que cette fois, c'était bon.

L'évolution avait enfin mis au point un individu qui ressemblait à quelque chose. Deux jambes, deux bras, un tronc, une tête. Avec les yeux en haut du visage, le nez au milieu et la bouche en bas, et pas le contraire comme chez les ascidies. Mais aussi des cheveux, des muscles, un système digestif apte à encaisser deux rations de cassoulet dans le même repas et un système nerveux capable de résister à la lecture du programme électoral du Front national. Et puis il y avait cette moustache seyante et ces poils aux pattes saillants, belles avancées dans l'expérimentation esthétique. Sauf que les individus femelles en étaient pourvus aussi bien que les mâles. Lorsqu'ils se croisaient près d'une caverne ou au marché bio de Lascaux, tous se saluaient d'un sympathique « Bonjour m'sieur dame », parce que la différenciation des sexes était délicate, et un impair toujours possible.

Deux tribus se côtoyaient. D'un côté les Néandertal, genre rugbymen en after, au petit matin, avant la douche et le repos dominical. D'un autre, les Homo sapiens, genre danseurs étoiles de l'opéra d'Athènes en shopping chez Dior. Mais avec des moustaches et des poils aux pattes. Compliqué à visualiser, d'autant qu'il n'y a que très peu d'images gravées sur les murs des grottes décorées ; les membres des tribus concernées étaient adeptes du selfie, et les disques durs de l'époque sont aujourd'hui illisibles.

Les deux tribus cohabitaient. Les Néandertal traitaient souvent leurs voisins de tarlouzes. Les Homo sapiens traitaient souvent leur cannabis aux engrais naturels. Mais, même si quelques Homo sapiens se sentaient attirés par la puissance virile des Néandertal, les individus ne se mélangeaient pas. Au cours du temps, un groupe a pris l'ascendant sur l'autre, mais pas forcément celui qu'on aurait pu croire.

Tout a commencé avec l'apprentissage de la chasse. Les Néandertal comme les Homo sapiens ont vite saturé de ne manger que des graines qui se faufilent entre les molaires, de la salade sans assaisonnement et quelques fruits pas assez mûrs qui leur filaient une chiasse mémorable à chaque printemps. La faible convivialité des repas végétariens n'était pas propice aux échanges intercommunautaires. Ils ont donc décidé d'ajouter quelques plats carnés à leur alimentation. Mais pour avoir de la viande, il faut tout d'abord attraper l'animal. Et éventuellement le tuer. Et là, les ennuis ont commencé.

Va sauter sur un aurochs pour arrêter sa course ! Va plonger dans un marigot pour museler un alligator, même à l'heure de la sieste ! Va grimper jusqu'en haut de la falaise pour choper un gypaète barbu au moment de son envol ! Les Néandertal ont commencé par s'entraîner à attraper des petits rongeurs, cibles plus faciles. Les Homo sapiens, eux, se sont concentrés sur les chats, de préférence les plus petits. Mais les souriceaux ne suffisaient pas à rassasier les premiers, de constitution robuste et à l'appétit aiguisé. Et les chatons étaient tellement mignons, avec leurs grands yeux ronds et leurs cabrioles espiègles, que les seconds les ont très vite adoptés comme animaux de compagnie ! Ça ne réglait aucun problème.

Après quelques tentatives épiques qui ont coûté la vie à pas mal de Néandertal et à quelques Homo sapiens, un intellectuel de l'époque, car il y en avait quelques-uns déjà, s'est posé au pied d'une falaise pour réfléchir, à proximité d'un cours d'eau. La légende dit que l'homme était un Homo sapiens prénommé Gilbert. Pour les puristes, cette orthographe n'est peut-être pas la bonne mais c'est une retranscription de la phonétique du nom de l'individu. Gilbert, donc. Gilbert était de la classe des intellectuels sapiens.

Nous pouvons noter que la proportion d'intellectuels était plus forte chez les Sapiens que chez les Néandertal, leurs voisins rustiques. Gilbert Sapiens a longuement observé l'envol des rapaces, jouant mécaniquement avec un caillou afin de se concentrer. Le caillou lui est tombé sur l'orteil, un accident. Invention immédiate de l'objet contondant, même si toutes les catastrophes naturelles de l'époque auraient pu déclencher bien avant cette idée pourtant basique que « Un truc lourd sur la tronche, ça fait mal ». Gilbert Sapiens s'est dit qu'un caillou était la bonne idée. Mais malgré la douleur, Gilbert Sapiens a conceptualisé qu'il faudrait un rocher et pas un caillou, si on désirait une quelconque efficacité dans cette quête à assommer un animal en mouvement.

Gilbert Sapiens s'est donc emparé d'un caillou plus gros, l'a lancé vers le ciel. Bien sûr, le caillou est retombé. Gilbert a essayé avec un caillou encore plus gros, mais c'était chaque fois pareil. Et plus dangereux encore. Et la pierre grimpait de moins en moins haut. Il a essayé avec un gravier, qui est monté un poil plus loin, mais tombé à proximité de ses pieds de la même manière. Comment atteindre ces oiseaux majestueux avec un objet suffisamment lourd pour les assommer, et avec suffisamment de précision pour les atteindre dans leur trajectoire complexe ? Heureux hasard ou providence divine, un Néandertal pêchait à proximité, près de la rivière. Il attendait à côté de sa canne, au bout de laquelle il avait attaché une longue liane tressée. Rien ne venait, ce qui paraît normal avec le recul, puisque l'hameçon n'a été inventé que bien plus tard dans l'histoire de l'humanité. Néandertal, bredouille comme à chaque fois, a replié ses gaules. Mais la liane était coincée dans un rocher. Il a tiré, tiré, sur sa ligne, pour qu'elle revienne. La canne s'est pliée. Le malheureux pêcheur a insisté. L'élasticité de son matériel l'a projeté en l'air et précipité dans l'eau du ruisseau. Elle était glaciale, mais là n'était pas le propos de l'expérimentation. Gilbert Sapiens a observé la trajectoire elliptique du Néandertal dans les airs. La solution était là, sous ses yeux. Gilbert a imaginé remplacer le Néandertal volant par un rocher, tout en gardant ce principe d'élasticité et de propulsion aérienne. Eurêka ! Néandertal s'est noyé, la natation n'ayant été imaginée que bien plus tard, elle aussi. Mais ça n'avait aucune incidence sur sa découverte : Gilbert Sapiens venait d'inventer la catapulte et donc, le moyen d'expédier un rocher lourd sur la gueule des gypaètes au moment de leur envol.

Une fois l'engin fabriqué, les essais grandeur nature ont duré quelques mois. Pierre après pierre. Il fallait attendre le signe d'un envol du gypaète pour déclencher la catapulte. Or les gypaètes ne prévenaient jamais. Un éboulis complet n'a pas suffi à tester la première catapulte. Gilbert en a profité pour peaufiner la notion de talus. Puis, aidé par un jeune Sapiens agile posté à proximité des oiseaux, Gilbert a enfin réussi à choper un gypaète en plein envol. Le gypaète agacé et pas assommé pour deux sous s'est précipité vers notre intellectuel désemparé et lui a crevé les yeux. Les deux, par pure méchanceté. Le gypaète est méchant. Barbu, et méchant. Mais on peut le comprendre, ça gonfle de se prendre des pierres pour rien à longueur de journée, comme ça, par pure expérimentation. La catapulte n'était pas la solution.

Pendant tout ce temps, un Néandertal pêcheur qui avait pris le relais de son cousin noyé quelques semaines plus tôt observait, au bord de la rivière. Il avait le temps, il ne pêchait rien. Sapiens était ingénieux, mais Néandertal était pragmatique. Bingo ! L'attaque en piqué du gypaète vers la tête de l'expérimentateur avait donné une idée au témoin de la scène. Le gypaète fonçait droit sur sa cible, mais la transperçait à l'aide de son bec acéré au lieu de l'assommer. Il fallait juste adapter la catapulte à un objet transperçant. Et lui donner une direction plus directe et droite, comme la trajectoire du rapace. Néandertal a pris sa canne à pêche, a tendu sa liane de part et d'autre du bout de bois recourbé, s'est emparé d'une branche rectiligne et a tiré la première flèche de l'histoire de l'humanité. Le trait a transpercé le cou de Gilbert Sapiens, qui s'est écroulé dans un râle. Néandertal venait d'inventer l'arc, devançant ainsi les plus éminents spécialistes de la tribu adverse. Néandertal, fort de cette trouvaille, pouvait à présent prétendre à régner sans partage sur l'univers connu. Il pouvait aussi faire la nique à tous ces prétentieux Sapiens qui la ramenaient à longueur de temps.

Les arcs ont commencé à circuler. Les maigres collations à base de légumineuses et de scarole défraîchie sont devenues des banquets foisonnants de gibiers. La puissance guerrière des Néandertal avérée, leur domination du monde pouvait commencer. Mais leur gloire s'est révélée de courte durée. Devant la pertinence de cette découverte fondamentale, les Sapiens ont essayé d'imiter les arcs de leurs concurrents. Un bout de bois tordu, une liane, une flèche plus ou moins droite… La théorie semblait simple, la pratique l'était moins. Après quelques allers-retours entre les cavernes des uns et des autres pour espionner leurs rivaux, Sapiens a bricolé tant bien que mal un arc sommaire. Cette pâle copie a un moment amusé les fiers guerriers de la tribu Néandertal.

La famille Néandertal considérait ces tapettes de Sapiens avec un mépris affiché. Je rappelle ici le contraste entre ces deux branches de descendants des hominoïdes : Néandertal ressemblait à un culturiste albanais dans un bar à bières slovaque, Sapiens aurait pu faire de la figuration dans la séquence du hammam des prépubères de *Sissi impératrice des dunes*, la version méconnue de David Hamilton. Nonobstant ce handicap lourd, les Sapiens ont toujours fait preuve de plus d'imagination et de sensibilité que leurs lointains cousins. Et cette fois-ci encore, l'improbable s'est produit. Un des premiers Sapiens qui a voulu utiliser un arc s'est aperçu, en le laissant choir malencontreusement, que la corde tendue vibrait et que, vibrant, un drôle de son résonnait aux oreilles : Néandertal avait inventé l'arc, Sapiens venait de découvrir la guitare.

Bien que le gaillard ait la voix de Neil Young au réveil, il a tenté quelques phrases imbéciles sur sa musique. Le résultat a été immédiat. Les femelles du groupe Sapiens ont commencé à se trémousser en minaudant et en levant lascivement les bras vers le ciel, en remuant les cheveux et en souriant comme des connasses. Plus il braillait des paroles mièvres, plus les filles dansaient en remuant du cul. Sapiens avait non seulement trouvé un moyen d'emballer les gonzesses, mais un moyen de distinguer les femelles des mâles de la tribu puisque, je le rappelle, les moustaches et les poils sur les pattes étaient la norme pour tout le monde. Les femelles réagissaient aux tubes de Neil Young, mais aussi à ceux de Michel Berger et de Richard Anthony. Le succès ne s'est pas borné à cette réussite remarquable. Très vite, les femelles

Néandertal, intriguées, se sont rapprochées de ce havre de paix et de musique. Elles ressemblaient à des athlètes russes en cure de stéroïdes anabolisants. Au grand dam des Néandertal mâles, les Sapiens sont partis batifoler avec les demoiselles de la tribu concurrente, mettant au monde de charmants bambins à la musculature d'un héros Marvel et au teint pâle des chérubins de Raphaël.

L'histoire de l'évolution est bornée par des événements incongrus : celui-là était déterminant. La branche des Néandertal s'est éteinte en quelques générations. Ils étaient bien devenus carnivores, mais ça ne leur servait à pas grand-chose. La branche des Homo sapiens a prospéré, avec une alimentation très peu carnée, voire végétarienne, mais ils avaient désormais dans leur culture la guitare, la danse de salon et le karaoké. Ils pouvaient régner sur le monde.

Sapiens and Co (fin)

« Vous pleurez, madam' ?

— C'est rien, Fatima. Ça va passer.

— C'est à cause de mon frèr' ?

— Non, Fati. C'est rien. Tu devrais rentrer en classe, ça a sonné.

— Parce que mon frèr', il a pas fait exprès.

— Je sais, Fati. Mais c'est pas ça. Et c'est pas grave, pour ton frère.

— Vous êtes sûre, madam' ? Je vous ai jamais vue comme ça ! Vous pleurez trop, madam' ! Sans déconner !

— Ça va aller, Fati.

— Pour mon frère, quand mêm'… C'est un peu grav', non ?

— C'était sous le coup d'un énervement. Ça arrive. À tout le monde, Fatima.

— Il va aller en prison, mon frèr', vous croyez, madam' ?

— Non. Il est trop jeune, ton frère. Et puis son copain Rachid, il l'a pas tué. Il a juste voulu lui faire peur.

— Oui, madam', mais avec son couteau, mon frèr'…

— Bon, il l'a un peu touché…

— Les pompiers, ils ont dit qu'il était passé à très peu de l'orte.

— C'est l'aorte, Fatima !

— C'est quoi ?

— C'est une artère qu'on a là, sur le cou.

— Une artrèr', madam' ? C'est quoi, une atrèr' ?

— Tu demanderas à monsieur Rodriguez, ton prof de SVT. Bon… Ça va bien se passer, Fatima.

— Vous êtes sûre, madam' ?

— Rachid, il est parti avec les pompiers, ils vont bien s'occuper de lui.

— Oui, mais mon frèr' ?

— Ton frère, il est parti avec les policiers, mais ils vont bien s'occuper de lui aussi.

— Vous croyez, madam' ?

— Sûr ! Mais c'est pour pas ça, Fatima. J'ai pleuré mais ça va aller. Tu devrais rentrer en classe. Tous tes camarades sont rentrés.

— C'est Sandra ? Elle vous a manqué de respect !

— Non, Fati. C'est pas Sandra.

— Parce que moi, elle m'aurait parlé comme elle vous a parlé, j'en aurais pleuré comm' vous, madam' !

— C'est pas Sandra.

— Vous avez vu comment ell' vous a traitée, madam' ? Mais comment elle a dit, quoi…

— Là aussi, c'est de l'énervement. Rentre en classe, Fatima. C'est gentil de te préoccuper pour moi. Mais ça va aller.

— Vous êtes sûre, madam' ? Jamais, je vous ai vue pleurer. Jamais ! Sur la tèt' de ma mèr' !

— Ça va passer.

— Moi, Sandra, elle m'aurait traité de put' comme ell' vous a traitée de put', j'aurais pleuré comm' vous, madam'.

— Rentre en classe, Fati !

— Sandra, elle a dit "Madam' mademoisell' Granier sa mèr' la put' elle a qu'à niquer ses morts"…

— Je sais ce que Sandra a dit de moi, Fatima ! J'y étais.

— Madam' ? Granier, c'est comme ça que tu t'appell' en vrai ?

— Pourquoi, Fati ?

— Parce que ça fait pas trop d'ici, comme tu t'appell' ! Du quartier, je veux dir'… Comment on doit dir' ? C'est "mademoisell'"ou "madam'", madam' ?

— Bon, Fatima ! S'il te plaît !

— Mais comm' vous pleurez trop, madam' ! C'est votre amoureux ?

— Quel amoureux ?

— Ben… Vous avez un amoureux et il est parti.

— Fatima ! J'ai pas d'amoureux. D'accord ?

— Ah ! C'est pour ça, madam'… Vous pleurez parce que vous avez pas d'amoureux ! Moi si j'aurais un amoureux…

— Si j'avais, Fati.

— Si vous avez quoi ?

— On dit : "Moi, si j'avais un amoureux."

— Et ben, moi, madam', si j'aurais un amoureux, mon père, il me tue.

— Fati, tu devrais rentrer en classe… Il est pas reparti au bled il y a trois ans, ton père ?

— Oui, madam'… Mais ma mère aussi ell' me tue. Ell' me tue avant mon pèr', si jamais il revient du bled. Mais il reviendra pas du bled, mon pèr', madam' ! Votre pèr', il vous a rien dit, à vous, pour votre premier amoureux, madam' ?

— Fatima ! S'il te plaît !

— Ou alors, c'est à cause de votre voiture, sur le parking du collège. Elle a brûlé aussi ?

— Non, pas la mienne, Fatima. J'ai juste eu les pneus crevés, ça se répare.

— Ah oui madam', c'est la voiture de monsieur Rodriguez qui a cramé avec les poubelles sur le parking. Moi, ma voiture, elle aurait brûlé, j'aurais pleuré aussi. Il a pleuré, Rodriguez ? Non, ça pleure pas, un homme. Alors que nous, les filles… Moi, je pleure tout le temps. Mêm' quand je regarde la télé, alors…

— Fatima ! Tu veux bien rentrer en classe ?

— Aïaa ! Vous avez tout le maquillage qui a coulé, madam' ! Là, sous les yeux, on dirait qu'on vous a frappée. On vous a pas frappée, madam' ? Moi, on m'aurait frappée, j'aurais pleuré aussi. Ma mère, jamais elle me frapp'. Par contre, mon pèr', quand il était là, la con de ses morts ! C'est mon frèr' qui prenait le plus… Lui il pleurait pas. Par contre, les policiers, ils l'ont pas frappé mon frèr', quand il est parti avec eux. Sa mèr', comm' vous avez la dégoulinade d'avoir pleuré sous les yeux, madam'… Vous devrez…

— Mais putain, ta gueule, Fatima ! Tu me casses les couilles, tu comprends ça ! Retourne en cours et fous-moi la paix !

— Hé… Respect, madam' ! Je t'ai rien fait, la con de tes morts ! C'est à cause de Beyoncé que tu pleures, c'est ça ? Je suis sûre !

— Beyoncé ?

— Beyoncé, elle s'est séparée de Jay-Z, c'est trop la loose ! C'est pour ça que tu pleures.

— Tu veux vraiment savoir pourquoi je pleure, Fatima ?

— Allez ! Disez-le, madam' !

— Je pleure parce que j'ai demandé ma mutation sur un autre collège, dans le centre-ville !

— Ah d'accord ! Je comprends ! Vous pleurez parce que vous êtes trop triste que vous avez le seum' parce que vous allez partir, madam' !

— Non. Je pleure parce que ces enculés de l'académie, ils ont refusé ma mutation. Et que je vais devoir tous vous supporter une année de plus ! Alors maintenant, tu rentres en cours et tu fermes ta gueule, Fatima. »

Le commerce de l'écriture (tome 1)

Les deux cavernes se faisaient face. Et l'ambiance était tendue.

Dans la première vivait une famille de Sapiens dont le patriarche était dans la force de l'âge, mais plutôt la fin de la force. Homme bougon et taciturne, il aimait bien frotter la corde de son arc musical en fredonnant quelques vieilles mélodies un peu simplistes où il était question de gorilles dangereux, de copains d'abord et d'une Hélène avec des sabots. Dans la seconde vivait un jeune Sapiens dans la force de l'âge, mais plutôt la force. Révolté et fougueux, il passait son temps à frapper sur le cul de vieilles marmites avec des fémurs et à hurler des onomatopées, étranges mais accordées.

La situation était conflictuelle. Les deux hommes n'échangeaient rien d'autre que des regards lourds de menaces et des signes cabalistiques. Leur gestuelle se cantonnait à des bras d'honneur à l'amplitude démonstrative. Leurs compagnes respectives, elles, vivaient dans une relative harmonie. Elles plumaient les pouletdactyles ensemble, allaient au torrent pour laver les tuniques en peau de lapinodon ensemble, trayaient les vacheratops dans les prés. Les deux femmes fréquentaient les weight-watchers de l'époque, une secte de druides moralisateurs et obèses. Assises côte à côte sur le seuil d'une grotte, elles y décrivaient aux assemblées effondrées comment elles faisaient cuire les ailes de pouletdactyles panées dans la graisse d'*Oienopterus*. Car à cette période précise de l'évolution, le cycle des grands dinosaures s'achevait dans la douleur, mais ni le format ni l'apparence de nos animaux communs n'étaient définitifs. N'en pouvant plus de l'insupportable climat d'hostilité qui régnait entre leurs deux cavernes, elles se sont décidées à résoudre le conflit. Leur demande a été chorale : « Les gars, sans déconner, parlez-vous ! »

« Parlez-vous ! » Voilà le problème.

Pour se parler, déjà, il faut savoir parler. Pas simple pour des peuplades qui ne maîtrisaient que quelques onomatopées. Car on échangeait déjà autour d'une poignée d'idées sommaires : "on mange", "on boit", "on chasse", "on se fout sur la gueule", "on nique", "tout est fini entre nous", "je retourne vivre chez ma mère", "le steak est faisandé", "on se casse ailleurs, l'herbe y est plus verte et le buffet à volonté". Ces quelques concepts restaient basiques mais suffisaient à la survie de l'espèce.

L'Homo sapiens s'est alors attelé aux problèmes du langage et de la communication. Pour évoquer avec plus de finesse la profondeur de leurs vues et philosophies respectives, les intellectuels de la bande se sont appliqués à trouver quelques collections de mots afin de décrire les détails de leur quotidien.

Les premiers temps, les Sapiens ont été prolifiques. Ils avaient compris l'intérêt de la manœuvre. Échanger, se comprendre, parler d'un même souffle ! Très vite, le champ lexical de nos aïeux du Pléistocène s'est conforté de plus de deux cents appellations de fromages différents, de plus de cinquante noms de boissons alcoolisées diverses, de plus de trois mots d'amour distincts. Les sentiments amoureux et la nécessité de la reproduction n'ayant qu'un très lointain rapport, les mâles ont également conceptualisé plus de quatre cents qualificatifs à forte tendance sexuelle pour décrire les femelles croisées à la sortie de la caverne. Les femelles ont répertorié cent cinquante marques de chaussures différentes.

Les rares onomatopées ont laissé place à quelques syllabes mieux organisées. Quelques mots comportaient pas mal de “a” : ils exprimaient souvent une grande satisfaction. Quelques mots étaient formés à base de “o”, surtout autour de la notion d'étonnement.

Ceux comportant des "i" qualifiaient la peur, la surprise. Ceux se terminant par "u" avaient une utilité sociale essentielle ; ils permettaient aux Sapiens de terminer leurs phrases par un "poil au cul" qui faisait le bonheur des assemblées hilares. On n'a jamais assez tenu compte de l'humour comme socle fondateur des communautés. Les mots fleurissaient, les idées aussi. Les hommes échangeaient leurs concepts, leurs trouvailles, leurs questionnements.

Cette recherche effrénée de biais de communication s'est vite heurtée à un élément essentiel : la mémoire. C'était bien beau d'aligner les termes, encore fallait-il les retenir. Il était confortable de frimer auprès de nouvelles conquêtes mais souvent, toute cette palabre développée tournait à la catastrophe, les impétrants n'arrivant plus à se souvenir des qualificatifs utilisés ni des promesses faites à leurs promis ou promises, et encore des noms de ceux-ci. Quelques-uns ont bien songé à inscrire des marques sur des cailloux, à laisser des indications dans le marbre. Souvent, le temps de graver un premier trait sur la première plaque de calcaire trouvée était déjà tellement long que l'amour était éteint, même si on a vu souvent rejaillir le feu de l'ancien volcan qu'on croyait trop vieux. Des couples à l'avenir pourtant prometteur se séparaient, faute de pouvoir répertorier les promesses faites et les vœux souhaités aux passages d'étoiles filantes. Il y a bien eu cette tentative d'une mère de famille qui, voulant graver une liste de courses sur un morceau de silex à l'aide d'un autre bout de silex, a inventé le feu. Rien de significatif.

Quelques Méridionaux écrivaient sur le sable, à l'aide de bâtons. L'expérience n'a pas tenu ses promesses. À peine étendue aux peuplades de la côte landaise, Sapiens a laissé tomber cette technique à cause de la marée, inexistante en Méditerranée mais qui venait brouiller le message des riverains de l'océan. La pérennisation de l'écriture est tout de même venue des ressources de la mer infinie, qui trimballe depuis toujours ses reflets changeants d'azur le long des golfes clairs, la mer.

Un pêcheur spécialisé dans le poulpe a remarqué que sous le coup de l'énervement, ses proies projetaient un liquide sombre et indélébile. D'une nature taquine, notre pêcheur s'est appliqué à énerver une seiche jusqu'à remplir un petit pot d'encre noire. D'une nature sadique, il s'est appliqué à arracher un à un les tentacules de la malheureuse bestiole mais n'est jamais arrivé à en faire un usage pratique pour écrire, les ventouses reproduisant sans arrêt des motifs ronds, très perturbants pour la lisibilité. D'une nature aventureuse, il est parti arracher deux ou trois plumes du postérieur d'une mouette qui boulottait une partie de sa pêche. La mouette, trop affamée, n'a rien senti.

C'est une chance. Les mouettes sont de nature rancunière. D'une nature inventive, notre pêcheur a trempé sa plume dans l'encre et commencé à dessiner des courbes et des déliés sur le chiffon qui servait d'appât pour attraper ses poulpes. Eurêka !

Et c'est pour cette raison que les premières traces d'écriture de nos antiques civilisations, bien avant les tablettes gravées de Mésopotamie, consistent en une superbe collection de banderoles très artisanales retrouvées dans un petit port du Pirée déclinant les tarifs au kilo et à la pièce de toutes sortes de céphalopodes. L'écriture est née avec le commerce. Aujourd'hui, les éditeurs distraits ou aventureux qui négligent cet atavisme peuvent en pâtir douloureusement. Mais la majorité d'entre eux n'ont pas oublié.

Le commerce de l'écriture (fin)

« Ah, Geneviève ! Vous avez vu ?

— Quoi donc, monsieur Buonavita ?

— Beau démarrage en librairie pour *Les Enquêtes de William Badbelt* !

— Les enquêtes de qui ?

— William Badbelt ! Notre nouveau personnage phare.

— Et alors ?

— Nous avons mis sur le marché *Le Prédateur* il y a une semaine et…

— Vous avez mis un prédateur sur le marché ? Sans en parler à la Commission hygiène et sécurité ? C'est quoi cette histoire ?

— C'est juste le titre du premier tome de notre nouvelle série polar : *Les Enquêtes de William Badbelt.* Et ça cartonne. Vous avez vu les ventes ?

— Ah non, monsieur Buonavita ! Je n'ai pas le temps de m'extasier devant les chiffres des commerciaux.

— Je voulais juste vous féliciter, Geneviève. C'est tout de même votre service qui est à l'origine de ce joli succès. Rien que le titre, *Le Prédateur* !

— Je ne l'ai pas lu.

— Ah ? Je pensais que dans votre service, vous travailliez de manière collégiale. Vous auriez pu avoir cette curiosité.

— Monsieur Buonavita, je m'occupe à mi-temps du Comité d'établissement et, en plus de mes activités syndicales, je dirige aussi la Commission hygiène et sécurité. Et avec toutes les approximations que je trouve à longueur de journée dans l'organisation de cette entreprise, croyez-moi, il y a du boulot. Alors ne comptez pas sur moi pour ramener du travail chez moi et lire des romans sur mes heures de repos.

— Je sais bien, Geneviève. Nous avons cette discussion depuis que vous travaillez dans notre maison. Mais vous auriez pu lire les premiers tirages, ceux pour les services de presse.

— Et puis quoi ? Si vous croyez que j'ai le temps de m'intéresser à la littérature !

— En tous les cas, c'est une bien belle série qui s'annonce. Des enquêtes menées par un flic anglais à la retraite, avec chaque fois un personnage féminin différent. Ça se passe dans le Bordelais, on y parle des millésimes célèbres, on y donne des recettes gourmandes…

— Ça parle de vin ?

— Oui, bien sûr !

— Le service juridique a visé les manuscrits avant impression ?

— Ça, c'est à votre service de s'en assurer, Geneviève. Vous êtes tous payés pour ça, en principe.

— Le dossier de la machine à café m'a pris deux mois, et nous manquons de personnel. Les recettes de cuisine dans le roman ? Il y a du gras ?

— Dans le Bordelais, a priori…

— Nous allons avoir des problèmes avec les associations de consommateurs.

— Parlez-en à vos collègues du service fiction. Après tout, vous êtes les premiers concernés.

— C'est qui, l'auteur ?

— Un ancien, qui a beaucoup écrit pour nous au début. Il a pris un pseudo intéressant : OxyMore.

— Et son prénom ?

— C'est un pseudo, Geneviève. Il signe juste OxyMore. Ça fait anglo-saxon, c'est malin. Vous devriez approfondir, pour cette histoire d'associations de consommateurs.

— Le gras et l'alcool ! C'est de l'incitation. On cumule les sources de problèmes. J'y vais de ce pas. Mais voilà, monsieur Buonavita, voilà la preuve qu'il faut engager du personnel ! On a le temps de rien, et vous venez me faire perdre mon temps.

— Le succès d'un de nos romans, c'est quand même réjouissant ! Je pensais vous faire plaisir en vous donnant de bonnes nouvelles.

— Ce qui me ferait plaisir, c'est des touillettes dans des emballages papier. Parce que là, au niveau des normes hygiéniques, c'est pas la gloire. Et aussi une machine à café qui marche.

— Elle marche ! Il suffit de vider la réserve de marc, le tiroir sous la machine. Vous voyez, le voyant rouge qui s'agite, là ? À côté du réservoir à eau ? On tire le tiroir, on vide le marc, on remet le tiroir.

— Et dans quelle poubelle vous mettez le marc ?

— J'en sais rien. D'habitude, vous le jetez où ?

— D'habitude, c'est Jean-Laurent du service juridique qui s'en occupe.

— Il n'est pas là ?

— Non.

— Ça ne doit pas être très compliqué. D'abord, je vais éteindre la machine…

— Stop ! Est-ce que la convention collective des cadres des métiers du livre vous y autorise ?

— C'est-à-dire ?

— Moi, par exemple, je n'ai le droit de toucher à aucune machine autre que mon ordinateur. C'est stipulé sur mon contrat. Et encore plus pour des opérations de maintenance

— Une opération de maintenance ?

— Nettoyer une machine, qu'elle soit à café ou à relier les photocopies, est considéré comme une opération de maintenance et fait appel à un personnel qualifié et spécialisé.

— Vous plaisantez ?

— Pas du tout.

— Bon, là, c'est jamais que du café, Geneviève.

— Je serais vous, je n'y toucherais pas.

— Quand bien même, Geneviève ! Ce n'est jamais qu'une grosse cafetière.

— Et si vous vous brûlez ? Qui est responsable ? Le constructeur n'a signé aucune charte de maintenance. Vous pourriez faire un procès à l'entreprise.

— C'est mon entreprise, Geneviève. Je ne vais pas me faire un procès à moi-même.

— Rappelez-vous de l'épisode de la photocopieuse. Vous avez eu de la chance que l'ancien responsable éditorial ne vous attaque pas en justice !

— Roger ? Quand il faisait les flyers pour son départ à la retraite ? Et vous avez encore cette histoire en tête ? Mais il s'est juste pincé le doigt. Et c'était il y a deux ans.

— Moi, j'aurais attaqué en justice.

— Geneviève Dumas-Legrand ! Je vous promets que je ne m'attaquerai pas en justice moi-même. Il est où, Jean-Laurent du service juridique ?

— Il est en longue maladie.

— Aïe ! Grave ?

— Assez.

— Des soucis de famille ?

— Non. Il s'est beaucoup occupé des enfants de Mélanie, depuis qu'elle a demandé le divorce. Et il a chopé la rougeole.

— C'est ennuyeux.

— Je lui avais dit de se méfier. Vous êtes vacciné contre la rougeole, vous ?

— Non, Geneviève.

— Vous devriez.

— Et Mélanie ? Elle revient bientôt ?

— Y a peu de chance, monsieur Buonavita. Elle est en dépression.

— Bon, je vous laisse, Geneviève. Je retourne voir les commerciaux. Vous féliciterez vos collaborateurs pour moi ?

— Si j'ai le temps, monsieur Buonavita.

— Vous verrez ! Nous allons faire un vrai succès avec *Les Enquêtes de William Badbelt* et ce mystérieux auteur, OxyMore. Bonne journée quand même, Geneviève.

— Vous pensez à mes touillettes ?

— … »

Best-seller (tome 1)

Jusque-là, tout allait bien. Ou à peu près.

Avec l'invention de l'écriture, Sapiens n'oubliait plus ses listes de courses au supermarché. Il écrivait des mots d'amour torrides et des lettres d'injures en langage soutenu, il rédigeait des actes de propriété sommaires mais précis. Il engrangeait même les paroles qui allaient bien avec la musique produite par les arcs tendus. Les seules vraies victimes de cette mode pacifique étaient les poulpes, les seiches et les calamars, forcés de produire de l'encre à tire-larigot pour tous ces accrocs à l'écriture. À force de pondre des chansons insipides, un des paroliers, sans doute sous l'effet d'un puissant psychotrope, s'est dit qu'il pourrait écrire une histoire un peu mieux construite que tous ces babillages à susurrer aux oreilles des groupies. Il s'est lancé, sans savoir trop où il allait. Le bouquin promettait d'être long. Les calamars allaient souffrir, c'est sûr !

Le postulat de base était simple : pondre une histoire d'amour pour faire frémir les ménagères, réfléchir les intellos locaux – car il y en avait déjà quelques-uns –, et conforter son argent de poche en vendant quelques exemplaires sous le manteau. Le scribe est parti sur une trame simpliste avec deux personnages : un homme, une femme. Et un animal de compagnie, un chaton. Très vite, le chaton s'est montré sans intérêt dramatique. Le scribe s'est tourné vers un serpent, plus inquiétant, dans l'espoir de mettre un peu de suspens dans son récit. Comme le lui suggérait son cousin maraîcher, une allusion finement placée au retour à la terre et aux produits de ses récoltes serait la bienvenue. Une promotion déguisée pour la production locale est toujours bonne à prendre. Le placement de produits est né à cette occasion. Notre scribe a imaginé alors un rebondissement improbable où le serpent, qui parlait, suggérait à la femme de bouffer la pomme, alors que son copain de jeu avait le dos tourné. C'était nul, comme histoire.

L'intrigue stagnait. Notre scribe, embarrassé, lucide mais obstiné, s'est mis alors à remplir son récit avec des personnages bien pratiques pour faire avancer les rebondissements mais mal inspirés, sans charisme, avec des noms impossibles à retenir. Il s'est vite enferré dans un charabia imbitable. D'abord, avec les enfants du couple de base, un crétin nommé Abel et une brute épaisse nommée Caïn.

Dans une phase sans relief, Caïn se mettait à massacrer Abel, avant de partir rejoindre une kyrielle d'enfants sortis d'on ne sait où. Ils étaient censés être seuls au monde mais avaient déjà suffisamment de voisins de palier pour remplir un bottin. Après une liste de fils, de filles et d'aïeux aux patronymes imprononçables, un petit road-movie entre l'Égypte et la Mésopotamie, un petit coup de kyle-surf sur la mer Rouge et d'autres péripéties toutes aussi stupides, les aventures d'Adam et Ève se sont mises à dériver vers un gloubiboulga narratif insupportable. En panique, l'auteur s'est mis à parsemer son roman de petites phrases moralisatrices que même Pierre Rabhi n'aurait pas osé asséner. Sans compter toutes les incohérences avec des personnages qui pouvaient vivre neuf cents ans et des vengeances ridicules, mais exposées à grands coups de rimes riches. Il ne s'en sortait pas. Mais alors, pas du tout.

Son cousin, agacé mais magnanime, s'est mis à lire le manuscrit pour comprendre les raisons de cette déroute littéraire. La faille était évidente, il manquait deux ingrédients essentiels : un personnage positif au-dessus des autres, un vrai héros au charisme et à la bienveillance communicative, et un vrai méchant très méchant. Le scribe a repris sa copie du début, penaud. Il y a introduit son personnage central qu'il a surnommé Yahvé. Et un méchant démoniaque puisqu'il était le diable en personne.

Yahvé était le héros. Lucifer était le méchant. Si là, le lecteur n'accrochait pas… Yahvé avait des superpouvoirs, comme créer le monde en quelques jours, organiser la ronde des étoiles, donner la liste des péchés capitaux sans se tromper, réciter toute *La Nuit de mai* d'Alfred de Musset sans s'endormir. Et Lucifer était doté de la parfaite panoplie du pervers polymorphe. Effectivement, le lecteur a bien accroché. Il fallait trouver un titre vendeur. Là non plus, les idées originales ne foisonnaient pas. L'auteur l'a intitulé *Le Livre*. Ce qui après quelques traductions aléatoires a donné *La Bible*.

Les contemporains se sont passionnés pour ces aventures où le moindre faux pas plongeait les lecteurs eux-mêmes dans les abîmes et le feu éternel, et où les actes de bonté les menaient tout droit vers un séjour organisé aux côtés du héros en personne. Les tribus de Sapiens environnantes s'y sont intéressées, de très près. De trop près, même. L'homme, dans ce processus inéluctable de l'évolution, venait d'inventer à la fois le roman et le plagiat. Les bibles ont prospéré, avec autant de versions que d'embrouilles entre les ayants-droit.

Très vite, les lecteurs se sont emballés. Et très vite la confusion a été totale entre fiction et réalité. Ça a souvent été le plus gros problème avec les feuilletons populaires, et ce jusqu'à nos jours. Les aventures rocambolesques de la bande de glands imaginés par notre parolier en mal d'inspiration ont été comprises comme un témoignage incontestable sur une réalité indiscutable. Et tout le monde a commencé à prendre pour argent comptant toutes les inepties déballées dans cet interminable pensum. Ils s'en servaient même comme d'un guide à vivre, un manuel de philosophie à l'usage des masses sans imagination.

Mais c'est une règle commune à toutes les sociétés modernes : plus c'est énorme, plus c'est grotesque, plus c'est improbable, plus ça marche. Ça a marché. Les Sapiens ont commencé à se mettre sur la gueule.

Best-seller (fin)

« C'est drôle, vous êtes le troisième cette semaine !

— Le troisième ?

— Deux clients sont déjà passés pour demander si nous avions des Jaguar MK II.

— Et alors ? Vous en avez ?

— Ce sont des véhicules de collection, monsieur. Je vous suggère d'essayer la XF. Nous pouvons dire que ce modèle de berline est dans l'exacte lignée de la MK II de l'époque.

— Trop moderne, la XF. C'est pas grave.

— Vous la vouliez verte, vous aussi, je suppose ?

— Exactement.

— Mais pourquoi cet engouement pour les MK II vertes ?

— Sans prétention, je peux vous avouer que c'est un peu de ma faute.

— Il n'y a pas de mal à faire de la promotion pour nos voitures.

— Je ne fais pas de promotion. J'écris juste des romans. Et mon héros conduit une Jaguar MK II verte. Et mes romans ont du succès. C'est aussi simple que ça !

— Vous êtes dans l'édition ? C'est marrant. Ma première femme travaillait chez un gros éditeur : Minesta, je crois.

— C'est mon éditeur.

— Ma seconde femme aussi, d'ailleurs, mais elle est partie. Je l'ai fait engager au service juridique chez Jaguar. C'est quoi, votre nom ?

— Mon nom d'auteur ? Ou mon vrai nom ?

— Le nom connu.

— OxyMore. C'est curieux, non, comme pseudo ?

— Non, c'est juste intrigant. On a envie de savoir qui est derrière le nom. Ils parlent de quoi, vos romans ?

— C'est des enquêtes tranquilles, menées par un vieil Anglais à la retraite dans le Bordelais. Et il a une Jaguar verte. Et surtout, c'est pas compliqué à lire. Ni à écrire.

— Et ça rapporte bien ?

— Bah… Je suis venu m'acheter une voiture chez Jaguar, pas chez Lada. »

Pragmatisme (tome 1)

Abraham regardait les trois malheureuses brindilles qui survivaient à l'ombre du mur. Il méditait depuis le matin, depuis que le soleil avait pointé ses premiers rayons sur le paysage aride de la Judée. Un oiseau passa dans le ciel sans nuage. Abraham le suivit du regard jusqu'à ce l'animal disparaisse derrière la palmeraie. À quelques pas, une source discrète dispensait un filet d'eau providentiel. Une scolopendre pourpre se dépêchait de rejoindre le bord de l'oasis, des criquets chantonnaient au milieu de la rare végétation de ce bout de désert. Abraham gambergeait.

Il y avait forcément une intelligence supérieure pour ordonner cette vie qui grouillait autour de lui, dans cet environnement hostile. Quelle puissance bienveillante avait pu imaginer ces processus complexes ? Déjà, la course des étoiles dans la nuit l'avait laissé béat. Où ? Combien ? Comment ? Abraham regarda l'azur, ébloui par le soleil de cette matinée torride. Un concept prenait forme. Qui ? Mais le temps était venu pour Abraham d'aller traire ses chèvres. L'urgence de la survie n'a jamais favorisé la pratique d'une quelconque réflexion philosophique. L'invention de Dieu pouvait attendre.

Thorngull observait le ballet amoureux des baleines blanches, au milieu du fjord de Nordgulen. Il méditait depuis le matin, depuis que la brume glaciale avait laissé la place au vent du large. Un goéland cendré passa au ras de l'eau. Thorngull le suivit du regard jusqu'à ce qu'il disparaisse derrière un rocher enneigé. À quelques pas, une source discrète était figée par le froid. Thorngull gambergeait. Mais il se gelait trop les couilles pour arriver à une quelconque conclusion. L'invention de Dieu serait pour plus tard.

Pragmatisme (fin)

« Vous êtes mademoiselle Granier ? Bonjour !

— Bonjour ! Ravie ! C'est donc vous l'auteur à succès ?

— C'est bien moi.

— Les élèves sont impatients. Je vous offre un café avant que nous allions dans ma classe ?

— Un café ? Non merci. Mais c'est sympa de me le proposer.

— Qu'est-ce qui vous fait sourire ?

— Rien de rare ! Juste cette habitude de démarrer les rencontres avec un café. Vous avez une machine automatique dans votre salle des profs ? Un distributeur ?

— Drôles de questions ! Non… L'association des parents d'élèves nous a offert une belle cafetière à dosettes pour notre salle des profs.

— Ah, les quartiers huppés !

— À qui le dites-vous ! Avant ce poste, j'ai passé quelques années en banlieue. Les parents d'élèves venaient nous piquer le café en poudre, les boîtes de sucre et les petites cuillères dans la salle des profs. Ici, ça me change d'ambiance.

— Ce sont des élèves de première ?

— Des premières "S". Pas vraiment des littéraires. Plutôt des futurs ingénieurs, vous voyez ?

— Je vois très bien. Centrale, Polytechnique et HEC ? Et les futurs clients des grandes écoles de commerce ?

— Eux-mêmes. C'est vraiment très gentil à vous de venir leur parler littérature. C'est une matière importante, la littérature. Surtout pour eux, l'année du français du bac ! Vous souriez encore ?

— Oui. Désolé, c'est presque nerveux.

— L'angoisse face aux adolescents ?

— Pas du tout.

— Le sens du devoir de l'acteur du monde littéraire que vous êtes face aux jeunes lecteurs ?

— Si j'étais un auteur normal, je vous dirais que c'est une de mes responsabilités d'écrivain que de venir transmettre le goût des belles-lettres.

— Pourquoi ? Vous n'êtes pas un auteur normal ?

— Non.

— Allons bon !

— Tel que vous me voyez, mademoiselle Granier, je suis un romancier à succès en pleine opération promotionnelle, poussé par ses attachées de presse à faire des interventions dans les lycées des quartiers chic. Ma venue dans votre établissement n'est que stratégique.

— Afin que les parents chirurgiens se ruent sur le nouveau titre de la collection et en parlent à leurs amis notaires ?

— Ça résume très bien la situation. Mais je viens volontiers à la rencontre de la nouvelle génération. Je peux vous poser une question un peu directe, mademoiselle Granier ?

— Allez-y !

— Dites-moi si je me trompe… La nouvelle génération, dans cet établissement, elle s'en fout un peu, de la littérature ?

— Totalement ! Et pas seulement dans cet établissement ! Vous ne vous trompez pas. En plus, ma classe, là, ce sont des scientifiques. Alors…

— En principe, les sections scientifiques sont assidues et appliquées.

— Ils le sont.

— Ils passent le bac de français cette année ?

— Et alors ? Si vous saviez…

— Le coefficient de l'épreuve est très bas ?

— Franchement minable, oui. Donc, a priori, ils ne lisent pas. Mais vous, vous écrivez du polar. Exact ?

— Je suis catalogué dans cette catégorie.

— C'est à la mode. Et c'est facile à lire. Ne vous inquiétez pas, ils vous écouteront. Un groupe a préparé des questions.

— Ils ont lu mon dernier roman ? Pas tous, je présume ? Un sur quatre ?

— Je vois que vous avez l'habitude du public scolaire. C'est parfait. Un sur cinq a lu tout le roman, les autres se sont pompés des résumés entre eux. Comme ils copient n'importe comment, vous risquez d'avoir des surprises avec leurs questions. Dites-moi…

— Oui ?

— Votre nom, là ? C'est un pseudo, je suppose ?

— Vous me voyez m'appeler vraiment OxyMore ? Fils de monsieur et madame OxyMore ?

— C'est votre service com' qui l'a trouvé ?

— Non. C'est moi, en sortant d'un ascenseur en panne. Mon vrai nom, c'est Jean-Paul Lescanti.

— C'est moins sexy. Avant que nous n'allions rejoindre les gamins, je peux vous poser une question un peu directe, à mon tour ?

— Faites !

— Votre rapport à Maupassant ?

— Maupassant ? Pourquoi Maupassant ?

— J'ai lu les quatre premiers tomes de votre production, ces *Enquêtes de William Badbelt*…

— Et vous allez me dire que je ne me suis pas foulé. C'est ça ?

— Je n'aurais pas osé. Non, c'est plutôt la base de vos histoires qui m'intrigue. Votre première enquête, *Le Prédateur*, l'histoire de la jeune prostituée au caractère généreux violée dans le bus par le professeur d'histoire allemand, c'est un copié-collé de *Boule de Suif*.

— Ah ?

— Ça vous fait sourire ?

— Oui. Parce que c'est exact.

— La rivalité autour d'un héritage entre les deux frères dont l'un est bijoutier au Havre, l'intrigue de votre deuxième tome, fait allusion à *Pierre et Jean*. Je me trompe ?

— Vous ne vous trompez pas, mademoiselle Granier. À ce niveau-là de concordance, ce n'est plus une allusion, c'est du plagiat. Je l'assume complètement. Même mon éditeur n'y a vu que du feu.

— Plus pointu à deviner, votre troisième opus.

— Alors ?

— C'est pompé sur *Mont-Auriol* ?

— Mon enquête dans le monde de la médecine et de la finance ? Bravo. Et le dernier sorti est directement inspiré de *Fort comme la mort*.

— Je l'avais bien compris. Ce peintre amoureux de la mère et de la fille… Là où vous êtes fort, c'est pour y inclure votre personnage d'enquêteur.

— Là, par contre, je n'y suis pas pour grand-chose. C'était une idée d'un des directeurs de collection de la boîte. Ce brave garçon a viré dans l'édition pornographique juste après cette brillante trouvaille.

— Et une dernière chose. Pour toutes ces recettes de cuisine qui parsèment le récit, c'est aussi une suggestion de votre éditeur ?

— Les recettes de cuisine locale, c'est un tic de romancier en mal d'inspiration. Mais un paquet de mes collègues l'a déjà fait, et ça marche toujours.

— Pourquoi Maupassant ?

— Parce que je suis un des spécialistes de cet auteur majeur, que je l'ai étudié toute mon existence, que j'ai passé cinq années acharnées sur un roman d'une grande subtilité autour de sa vie et de son œuvre, et que ce livre ne verra jamais le jour pour des raisons de stratégie commerciale et d'ego d'éditeur. Et aussi que j'en avais marre de rouler en Ford Fiesta. Maintenant, je roule dans la même berline de luxe que mon héros. D'autres questions, mademoiselle Granier ?

— Non, c'est parfait. Allons voir mes élèves.

— Vous voulez que je leur raconte mes sources d'inspiration réelles ?

— Vous voulez dire, leur parler de Maupassant ?

— Je peux être intarissable sur le sujet.

— Bah… Je me suis fait une raison depuis que j'enseigne aux héritiers des quartiers chic. La seule chose qui les intéresse, c'est quelle spécialité ils choisiront en finissant leurs études de médecine, ou quelle université américaine ils pourront intégrer. Balancez deux ou trois anecdotes sur votre héros anglais à la retraite, mais surtout donnez quelques chiffres de vos ventes parce que ça, ça va leur parler. Parlez de votre Jaguar verte, vous allez les scotcher. Et laissez tomber Maupassant. Ils s'en foutent complètement. J'ai fait une croix sur tout ça depuis bien longtemps. Pour le café, vous êtes sûr ?

— Certain. Non merci, mademoiselle Granier. »

Le grand saut (tome 1)

Qui ? Qui décide l'agencement miraculeux de la nature et de la vie ?

Une intelligence supérieure. Forcément.

Ce tout nouveau concept d'intelligence supérieure providentielle a occupé une armée de femmes et d'hommes pendant quelques siècles. Les descendants de Sapiens avaient admis l'idée qu'une force mystérieuse coordonnait le déroulé subtil de l'évolution. Et que le monde foisonnant qui les entourait était harmonisé par une puissance insaisissable. La curiosité a vite pris le pas sur l'émerveillement. Ils ont essayé d'en saisir les desseins.

Quelques sceptiques sont partis se cloîtrer dans des grottes pour ne pas avoir à argumenter : ils étaient une minorité. Quelques illuminés béats se sont suicidés, en hurlant leurs remerciements incompressibles aux forces mystérieuses qui leur permettaient un tel bonheur. Les autres se sont mis à analyser les moindres détails surprenants de leur quotidien. Il devenait nécessaire de référencer tous ces dieux qui les entouraient. Parce qu'avec tous ces mystères, ils devaient être nombreux.

Quelques générations d'observateurs patients ont scruté la ronde des étoiles la nuit, et l'ombre des arbres sous l'effet des rayons du soleil le jour. Monotone, certes, mais toujours merveilleux. Il y avait sans doute un dieu des étoiles, un dieu du soleil et pourquoi pas un dieu des ombres. Pour les dieux des arbres, on verrait plus tard.

Leurs proches cousins étaient chargés d'étudier le cycle des saisons. Ils n'ont pas poussé plus loin que le constat d'un hiver après l'automne, et d'une saison sèche après les pluies de printemps. À part un rhume systématique à la sortie de février et quelques coups de soleil fin août, ils n'ont pas théorisé plus loin que leurs spéculations autour d'une météo de merde, mais répétitive. Le résultat basique de cette observation s'est traduit par quatre nouveaux dieux, un par saison. Le dieu de l'été était sans doute bronzé, le dieu de l'hiver avait sans doute de l'arthrite, celui du printemps quelques allergies au pollen.

D'autres ont passé des années à compter les fourmis qui cavalaient entre les pierres, avant et après la période de reproduction dans les fourmilières, sans en tirer d'autre conclusion que celle d'un ennui somnifère. Vu la complexité dans l'organisation sociale de ces colonies laborieuses, il y avait sûrement un dieu pour les fourmis. Certes. Mais qu'est-ce qui leur prouvait que ce n'était pas le même que pour les termites ? Et hop, trois dieux de plus, parce qu'en plus des termites, il y avait les mille-pattes.

Certains observaient la chute élégante des nucules du tilleul à petites feuilles, ces petits fruits ronds supportés par une hélice végétale. Ils tentaient de comprendre le comment et le pourquoi de ce mouvement de dispersion sophistiqué des graines. Ils voulaient surtout faire la part entre le hasard et le divin dans ce processus de reproduction. Il n'y avait qu'un dieu pour aller inventer l'hélice végétale ! Trente-cinq saisons successives de contemplation et des litres de tisane n'ont servi à rien, sinon d'avoir une digestion plus facile que celle des familles qui analysaient la reproduction et la pousse des cognassiers. Le dieu de la pollinisation était-il le même pour les aubiers et pour les platanes ?

Le mouvement du retournement des chats au cours de leurs chutes accidentelles fascinait les foules. L'animal était logiquement devenu le dieu de la danse et de l'expression corporelle. Une tribu du sud de la Perse en a sacrifié une quantité ahurissante pour essayer de comprendre pourquoi et comment ils retombaient toujours sur leurs pattes. Ces expérimentateurs ont passé un temps certain, après une ode aux dieux tout-puissants, à amputer les félins d'une, puis deux, puis de trois pattes afin de décomposer dans le détail le processus de la chute et de leur réception au sol. Les résultats n'étaient pas flagrants. Mais la curiosité les a poussés à expérimenter plus loin les fonctions motrices de ces bestioles. Si l'animal était vraiment un dieu, il devait compenser ce handicap par un petit miracle. Les dieux, ça fait des miracles, même petits, sinon c'est pas des dieux.

Passé l'amusement de l'expérimentation, les observateurs ne savaient même plus pourquoi ils persécutaient ces pauvres animaux. Mais la petite prière faite avant chaque carnage les confortait dans leur pratique. Le résultat s'est révélé décevant. Après avoir décimé la population des canidés entre le Tigre et l'Euphrate, le chat s'est retrouvé rétrogradé. Il est passé du statut de dieu de la danse acrobatique à celui de demi-dieu des culs-de-jatte. La tribu persane a poursuivi ses recherches. Car les dieux étaient partout présents, et la danse devait avoir en quelque endroit une divinité appropriée. Forcément. De même que la peinture au couteau, la sculpture sur plâtre, ou la fermentation alcoolique.

À chaque sujet étudié, la conclusion était la même : il devait y avoir un dieu ou une déesse pour gérer le problème. L'humanité s'est retrouvée à devoir célébrer une quantité hallucinante de dieux et de déesses. Les dieux masculins s'attelaient à des tâches brutales, voire violentes. C'était sans doute un dieu mâle qui déclenchait les tempêtes en mer, et un autre qui provoquait l'éruption des volcans. Les phases plus douces ne se concevaient qu'émanant de déesses aux attentions toutes maternelles. C'était une déesse de l'amour, une déesse de la musique, une déesse de la parfumerie, une déesse des ongles américains. Le catalogue s'est rempli jusqu'à la gueule de divinités de sexes divers. Après quelques millénaires d'approximations, plus personne n'y comprenait rien, plus aucun dieu n'était attribué à sa véritable fonction.

C'est alors qu'un Iranien répondant au nom électrique de Mazda s'est dit qu'il était temps d'arrêter les conneries. Pourquoi pas un seul dieu ? Juste un, plutôt que ce bordel ingérable ? La même intelligence céleste pouvait très bien s'occuper à la fois de la pousse des aiguilles de pin, de la reproduction des Gastéropodes et du cycle infini de l'eau. Grand lecteur de la Bible originelle, Mazda s'est dit qu'il pourrait emprunter les patronymes créés pour ce livre incohérent. L'illettrisme était monnaie courante, et Mazda restait persuadé que personne n'y verrait que du feu. Et même, pourquoi pas se servir de quelques préceptes imbéciles édictés dans les pages dudit bouquin ? Il faut toujours agrémenter ses trouvailles d'une argumentation sophistiquée. Yahvé, Adam et Ève, Abel et Caïn, fromage de brebis et traversée du dessert, des buissons qui brûlent tout seuls et des têtes qui tombent, le tout ponctué d'une apocalypse ésotérique et de quelques psaumes obscurs. Bingo ! Succès planétaire.

Mazda était satisfait de ses trouvailles ; il avait à la fois inventé le dieu unique, mais aussi la religion qui allait avec. Les descendants des premiers Sapiens se tapaient déjà sur la gueule pour un oui pour un non. Là, l'occasion était trop belle ! D'autres prédicateurs à dieu unique ont débarqué en un rien de temps, attirés par l'ascension sociale fulgurante que procurait le simple statut de gérant d'une secte nouvelle. Bagarre générale. Mazda s'est retrouvé débordé, il s'est réfugié en ermite dans une grotte le temps que les esprits s'apaisent, car à peine son dieu unique présenté à l'assemblée en folie, l'effet de mode l'avait dépassé. Avec cette invention à fort potentiel tragicomique, Mazda inaugurait les premières guerres de religion. L'enfer sur terre pouvait commencer. Ça n'a pas loupé.

Le grand saut (fin)

« Laissez-moi !

— Non.

— Comment, “non” ?

— Non. Je peux pas vous laisser.

— Laissez-moi seul !

— Non. Je suis justement là pour pas vous laisser seul.

— Cassez-vous !

— Je peux faire un jeu de mots un peu balourd ?

— Un jeu de mots ?

— Ouaips ! Parce que là, si vous continuez comme ça, c’est pas moi qui vais me casser. C’est plutôt vous.

— Vous croyez que c’est le bon moment pour faire de l’humour ?

— Bah ! Dans votre situation, c’est à peu près tout ce qu’il vous reste comme possibilité.

— Mais qui vous êtes ? Qu’est-ce que vous foutez ici ?

— Je viens pour négocier.

— Si vous approchez, je saute.

— Bien ! Et donc si je recule, vous ne sautez pas ?

— Hé ! Arrêtez avec l'humour.

— Là, c'est pas de l'humour, c'est juste une question de logique.

— Non, c'est pas de la logique : c'est une astuce de rhétorique.

— Ah ! Vous voyez ! Formidable. Même au bord de l'abîme, vous arrivez à raisonner. C'est un bon début.

— Non ! C'est la fin !

— Ah, et là, c'est de l'humour. Bravo ! Bon, qu'est-ce qu'on fait ? Vous n'allez quand même pas sauter ?

— Et pourquoi je sauterais pas ?

— Il y a une première raison, mais qui ne concerne que moi. Je suis salarié comme négociateur par le ministère de l'Intérieur. Si vous sautez, c'est un mauvais point pour moi et ma carrière dans l'administration. Je suis au groupe 3 depuis deux ans, troisième échelon, indice HEA 3. Je dois passer à l'indice majoré 1058. Si vous sautez, je vais encore me cogner au moins un an de salaire à l'indice 963, et c'est la loose totale.

— C'est de l'humour, là ?

— Pas du tout. C'est la triste réalité. Je ne rigole pas avec ce genre de choses. Mais il y a une seconde raison qui là, vous concerne directement.

— Laquelle ?

— Nous sommes au troisième étage. Si vous sautez, vous avez une chance sur quatre de vous tuer. Ce qui laisse trois chances sur quatre de rater votre suicide et de vous estropier. Vous vous imaginez estropié ?

— Je vais sauter !

— Non, mais laissez-moi terminer ! Vous vous imaginez tétraplégique ? Ou pire, sur un fauteuil roulant ? À vie ? Coincé sur votre cul ? À même plus pouvoir essayer de se suicider tranquille ? Parce que pour enjamber un balcon depuis un fauteuil roulant, c'est pas à la portée de tous les paraplégiques. Et puis, si l'immeuble n'a pas d'ascenseur, vous imaginez ? Pour monter à un étage suffisamment élevé pour se flinguer… Vous devriez réfléchir à tout ça. Trois étages, c'est minable, comme suicide.

— Laissez-moi tranquille.

— Je vous laisse tranquille si vous me promettez de ne pas sauter.

— Vous êtes là pour essayer de gagner du temps ? Vos collègues vont débouler avec une grande échelle ou je sais pas quoi ?

— Même pas. Il est dix-sept heures cinquante et une. Mon service s'arrête officiellement dans neuf minutes. Si vous renoncez à sauter, tout rentre dans l'ordre. Si vous continuez à palabrer avec moi, je serai en heure sup' et nous allons coûter de l'argent aux contribuables, c'est-à-dire vous et moi.

— C'est un raisonnement par l'absurde ?

— Non, c'est une simple opération arithmétique. Parce qu'on est vendredi et que ces heures sup seront majorées. C'est même pas pour vous dissuader de sauter que je vous expose ma situation.

— Éloignez-vous. Je vous jure que je vais sauter.

— Je ne m'éloigne pas : je suis là pour négocier. Et croyez-moi, ça va pas être simple de négocier s'il faut crier d'un bout de la pièce à l'autre. Mais vous pouvez sauter, là n'est pas le problème.

— Alors, il est où, le problème ? Même si je saute ? Vous vous en foutez ?

— Perso ? De vous ? Assez, oui. Je ne vous connais pas, vous ne me connaissez pas. On ne se serait jamais rencontrés. Vous ne m'êtes pas particulièrement sympathique. Et si vous ne sautez pas, je pense qu'on ne se reverra plus non plus.

— Et donc ?

— Donc, si vous sautez, j'aurai raté ma mission. Et du coup, j'aurai à remplir une tonne de paperasse. Et là, c'est plus en heures sup qu'on va commencer à compter, c'est en RTT à n'en plus finir. J'ai déjà un retard considérable de vacances à prendre. Ils vont devoir engager des négociateurs intérimaires. Et vous imaginez ce que ça coûte aux contribuables ?

— Non. Et je m'en fous. Si je saute, je perds le statut de contribuable.

— Vous êtes vraiment d'un égoïsme achevé. Vos enfants sont des contribuables, eux aussi.

— Je n'ai jamais eu d'enfant.

— Votre femme est une contribuable.

— Ma femme est partie.

— Ah, d'accord. Il y a longtemps ?

— Il y a trois semaines.

— Pourquoi ?

— C'est lorsqu'elle a appris mon licenciement.

— Vous vous êtes fait virer ?

— J'étais le sous-directeur de cette maison d'édition ! Je l'ai monté à la sueur de mon front, j'étais associé minoritaire avec Francis.

— Francis ?

— Francis Minesta. Le directeur. Cet enculé !

— Ah ? Donc, vous ne l'aimez pas trop. Je me trompe ?

— Cet enculé de Francis a vendu la boîte à un consortium de presse chinois sans le dire à personne. Lui a négocié son poste à la direction, accompagné d'un parachute doré insensé. Tous les cadres ont été virés. Deux jours après la signature, les vigiles étaient dans mon bureau, accompagnés du nouveau directeur du personnel. Ils m'ont laissé dix minutes pour réunir mes affaires et partir.

— C'est moche.

— Ma vie est foutue. J'ai tout donné pour cette entreprise ! Vous voyez ces bureaux, vous voyez cet immeuble ? Trente ans de mon existence ! Pour me faire expulser comme un mendiant !

— L'avenir est devant vous, mon vieux !

— Vous plaisantez ? J'ai tout perdu. Tout.

— Vous ne pouvez pas vous recycler dans autre chose ? Avec votre formation ? Vous pouvez faire quoi ?

— Mendiant ! Mais je vais rien faire du tout. Je vais sauter, je vais m'écraser comme une merde sur le parking de la direction…

— Et vous allez vous faire très mal. Vous n'aurez même pas la satisfaction d'avoir abîmé la voiture du directeur. À part le vigile qui somnole dans sa 205, le parking est vide, en bas. Et il me reste quatre minutes pour vous convaincre de ne pas sauter. Soyez sympa… heu… C'est quoi, votre nom déjà ?

— Buonavita… Hervé Buonavita.

— Il y a tout de même un truc que je ne comprends pas.

— Quoi donc ?

— L'immeuble a six étages. Pourquoi vous n'êtes pas monté au sixième pour vous défenestrer ? Là, au moins, vous auriez plus de chance de vous écraser vraiment sur le bitume en bas. Non ?

— Les deux étages au-dessus de nous, c'est l'informatique et les archives. Toutes les fenêtres sont condamnées. Le sixième étage, au dessus encore, c'est la direction. L'accès à tout le niveau est bouclé par un code. Seul le directeur le connaît.

— Cet enculé de Francis ?

— Cet enculé de Francis, parfaitement. Quelle heure est-il ?

— Dix-sept heures cinquante-huit. Il me reste deux minutes pour vous convaincre. Mais borné comme vous êtes, je sens les heures sup arriver à grand pas.

— Vous pourriez me pousser ?

— C'est une demande ou une question ?

— Je veux dire, par conscience professionnelle, pour ne pas dépasser votre horaire, vous iriez jusqu'à me pousser si vous étiez certain de la résolution de mon drame ?

— Quand même pas. C'est pas comme dans le privé… On reste humains dans l'administration.

— C'est quoi, votre prénom ?

— Didier.

— Didier ? Vous m'êtes sympathique, Didier. Même pour un fonctionnaire. Je vous propose un deal.

— Allez-y. C'est quoi ?

— Vous me faites venir cet enculé de Francis ! Vous lui demandez le code pour l'accès au sixième étage. Je veux discuter avec lui, et avec lui seul, dans son bureau. Et je ne saute pas du troisième.

— Vous allez sauter du sixième, du coup ?

— Vous vous en foutez, non ? Si j'ai bien suivi votre logique… Je réenjambe cette rambarde, je me décide à ne pas sauter du troisième, je réintègre l'open space, votre mission est une réussite. Vous ne faites pas d'heure sup, votre service est terminé. Basta ! Si je fais une autre tentative, le temps qu'on m'ouvre le sixième étage, vous serez hors service, et un autre Didier aura pris le relais.

— Vous simplifiez un chouille, mais dans les grandes lignes, on peut résumer la situation comme ça.

— Alors, Didier, faites-moi venir cet enculé de Francis ! Et votre promotion au quatrième échelon indice majoré à 1078 est assurée.

— Ah… Voilà… Vous voyez, Hervé Buonavita ? Quand chacun y met du sien. Je fais immédiatement appeler votre ancien copain Francis. Merci pour votre coopération. Je peux vous poser une question qui n'a rien à voir, Hervé ?

— Allez-y !

— C'est quoi, ce sifflement infernal ?

— Ah, le bip en continu, c'est la machine à café.

— Y a un problème ?

— Y a plus d'eau dans le réservoir. Y en a jamais. Ce sont les Chinois qui ont remis l'alarme en route lorsqu'ils ont pris la direction de l'entreprise. Ils sont plus tatillons que nous sur la sécurité. Mais de toute façon, y a plus de café non plus : les Chinois n'utilisent pas les mêmes dosettes.

— Vous voulez que je la débranche en partant ? Ça saoule, ce bruit !

— Si vous débranchez la machine, ça met en branle une alerte sonore. C'est le même sifflement, mais alternatif. C'est pire.

— Bon. Salut, Hervé.

— Merci pour vos précieux conseils, Didier. Dites-moi… Vous êtes certain ?

— Certain de quoi ?

— Si je saute du sixième étage ?

— Du sixième étage, vous avez neuf chances sur dix de vous tuer. Il reste quand même une chance sur dix de vous retrouver légume.

— Je prends le risque. Merci Didier.

— Pas de quoi, Hervé. »

Oracles au désespoir (tome 1)

L'ermite avait disparu depuis dix bonnes minutes, la surface du lac était limpide telle une immense flaque d'huile de palme. Les prêtres ont échangé des regards. Leur moue en disait long sur leur déception, mais ils devraient se faire une raison.

Les épreuves avaient pourtant commencé dans un enthousiasme communicatif. Après quelques semaines à jeûner dans le désert, l'ermite était revenu triomphant vers le temple, assis sur un âne emprunté à un lointain parent, les poches garnies de rameaux d'olivier pour la symbolique. Ça avait de la gueule ! Sur sa lancée, il avait renversé quelques tables de bibelots et poussé les marchands à coups de pied dans le cul vers la sortie. En revenant vers ses juges, il avait croisé un aveugle. L'ermite avait posé les mains sur les yeux du malheureux. Celui-ci s'était écrié « Miracle ! je vois » avant de partir joyeux vers des horizons plus clairs. L'heure du repas était arrivée, l'ermite avait sorti de sa besace une quantité hallucinante de croissants et de pains au chocolat. Les prêtres étaient épatés. Et, de plus, les croissants étaient au beurre. Puis l'ermite a ramené deux jarres étiquetées « eau potable ». Il a versé quelques verres de vin, les prêtres se sont esbaudis.

Puis est venu le défilé des paralytiques, lépreux, bègues, asthmatiques, allergiques au gluten… L'ermite les a tous guéris, sans un mouvement de recul. Les miracles étaient bien avérés. Tout le monde est parti vers Tibériade pour la deuxième partie de la cérémonie. Là, les résultats se sont révélés moins flagrants.

D'abord, la pêche miraculeuse… Prendre trois poissons dans un filet en deux heures de temps n'est pas un exploit inoubliable. Ensuite il y a eu l'incident de l'aveugle, que les prêtres ont vu débarquer dans le même enthousiasme ébahi que lors du miracle précédent. L'aveugle s'est pris un palmier dans la tronche, il n'y voyait rien de plus qu'avant. Il était juste excité comme un pou. Un inconnu lui avait suggéré à l'oreille qu'il y avait des gonzesses à poil qui se baignaient dans le lac et qu'en évoquant son handicap, il pourrait toucher, d'où la raison de son départ précipité. Alors les prêtres ont demandé à l'ermite en phase de perte de crédibilité d'aller marcher sur l'eau. Ça faisait partie de la liste des miracles possibles, juste avant le figuier stérile et la résurrection de Lazare qui n'était pas encore mort : il faudrait attendre un peu pour ce truc-là.

L'ermite ne s'est pas démonté, il a quitté ses tongs et s'est mis à avancer vers le centre du lac, fier comme Artaban. Il a marché sur l'eau pendant cinquante centimètres. Puis il s'est enfoncé lentement, la tête haute. Puis il a disparu. Après dix minutes d'attente, les prêtres ont décidé que ce fameux prophète fils de Dieu annoncé par les oracles dans toutes les prédictions sacrées n'était sans doute pas encore révélé. L'ermite était le quatrième pauvre gus à décéder en trois ans en tentant l'épreuve des miracles. Ça ne marchait jamais. Le précédent avait été foudroyé par un éclair lors de la tentative du miracle de la tempête apaisée.

Il leur faudrait attendre encore un peu.

Une histoire de l’humanité (fin du tome 1)

« Où il est passé ?

— Là-haut !

— Comment ça, là-haut ? Déconne pas ! Où il est ?

— Disparu entre deux nuages, avec un joli rayon de soleil pour faire une auréole. Hop !

— C’est impossible !

— Bah, il avait prévenu, non ? “Je ressuscite, je vous fais encore deux ou trois miracles et je me casse.” Il avait dit quarante jours, non ?

— Oui, mais nous autres, on croyait que c’était juste une estimation.

— Non. Précis, le gars. On est jeudi ? Il nous a fait son ascension pile quarante jours après la Pâque.

— On n’est pas dans la merde. J’avais pas terminé de tout noter.

— De noter quoi ?

— De noter tout ce qu'il a dit.

— Il a pas dit beaucoup. Il nous a fait ses tours de magie, il en a bien profité pour draguer les femmes des Pharisiens, il s'est fait offrir l'adhésion au syndicat des poissonniers de Tibériade, il s'est fait inviter à tous les mariages sous prétexte qu'il apportait l'alcool. Et à part ça ?

— Il a quand même dit quelques trucs. Non ?

— Des lieux communs. Que des lieux communs.

— Mais même pour les lieux communs… J'ai pas tout retranscrit. Ça va pas être simple de monter une religion avec aussi peu d'éléments.

— Je sais bien. Mais aussi, sa lubie de faire des repas de groupe où tu partages le vin et le pain ! Tu termines bourré et tu oublies d'écrire pour la postérité. Et sa copine, surtout ! Avec ses allusions salaces de manger son corps…

— C'est une pute !

— On peut pas écrire ça. Ça va tout décrédibiliser. Pourquoi il est parti ?

— Parce qu'on lui a mis les nerfs.

— Non ? Nous ? Qu'est-ce qu'on a fait ?

— Rien.

— Et alors ?

— Ben justement. On n'a rien fait. Il a déclaré qu'on était des branleurs et que c'est pas avec nous qu'il y avait de l'avenir pour sa religion.

— Pourtant, c'était bien engagé. Il a dit quelque chose avant de partir ?

— Oui, mais c'est pas les trucs les plus agréables.

— Dis-moi… Au moins, que j'écrive ses dernières paroles.

— Il a dit que nous pourrions avoir des pratiques contre nature, ça ne le surprendrait pas.

— Il l'a dit comme ça ?

— Non.

— C'est quoi, les mots exacts ?

— Exactement, il a dit : "Allez tous vous faire enculer !"

— Ah non, ça, je peux pas l'écrire tel quel.

— Il est monté au ciel juste après.

— C'est tout ce qu'il a dit ?

— Non, il a rajouté, "Bande de glands".

— Ça, je peux pas l'écrire non plus.

— Non.

— On va un peu arranger. Qu'est-ce qu'il avait dit déjà, au début, sur les Romains ?

— Qu'on allait tous les niquer.

— Ça non plus, je peux pas l'écrire. Tu nous vois fonder une religion avec un appel à la débauche et à la violence ?

— On pourrait. Regarde, dans la Bible, déjà…

— Naan… Trop compliqué, la Bible. Trop élitiste. Trop de personnages. Trop de perversions.

Ils s'entre-tuent ou copulent entre cousins. Naan ! Les gens ont besoin de rêver. Il faut leur vendre du rêve. Les gens ont besoin d'amour.

— Et de pain, et d'alcool.

— Sur ce sujet, on a déjà deux ou trois miracles en réserve. Les miracles, on va les raconter. En faisant quelques améliorations.

— On peut s'arranger avec la réalité ?

— Ça s'appelle la licence poétique.

— C'est-à-dire ?

— Lazare, par exemple. Il était bourré, Yeshu lui a mis un coup de pied dans le cul pour le réveiller. On va dire qu'il lui a mis la main sur la tête et que Lazare était mort et qu'il s'est réveillé, ressuscité.

— Et pour le coup de soleil des deux Samaritains ?

— On va rien dire pour les huiles essentielles. On va écrire que c'était la lèpre. Il a guéri les deux Samaritains de la lèpre. Ça fait plus peur que les coups de soleil, la lèpre.

— Je vais même écrire qu'il y avait dix lépreux. Dix miracles d'un coup, ça a une autre gueule. Non ?

— Voilà. Ça, c'est pour les miracles. Après, pour l'amour, c'est plus compliqué. On parle de Marie-Madeleine ?

— Laisse tomber Marie-Madeleine ! Pour l'amour, on va théoriser.

— Si on rentre dans les détails, ça va se compliquer très vite, entre sa mère qui le couve et sa fiancée qui ne le lâche jamais. Je vais juste écrire : Aimez-vous… Voilà, je vais écrire Aimez-vous.

— C'est un peu court, non ?

— Aimez-vous tous très fort ?

— Ça fait pas un slogan.

— Aimez-vous tous les uns avec les autres ? C'est pas mal, ça.

— On va trouver, Luc. On va trouver. J'en reviens pas qu'il soit parti comme ça, sans rien dire.

— Pas sans rien dire ! Il a dit…

— Oui, je sais ce qu'il a dit. Mais quand même ! On va pas commencer un millénaire religieux avec une grossièreté ? Non ?

— Non.

— Déjà, écris que sa mère était vierge.

— C'est quoi, cette connerie ?

— Ça va faire "miracle" ! Ils sont foutus de le croire et de théoriser pendant des siècles. Ça nous laissera de la marge pour pondre d'autres absurdités. Écris, Luc… Écris…

— On doit tout inventer ?

— Et oué, Luc. Mais dis-toi qu'au plus c'est gros, au mieux ça marche.

— Il va en falloir, des litres de café pour tenir le coup. »

L'apocalypse selon sainte Geneviève (fin)

Au début, il y avait la machine à café.

Les Chinois sont pragmatiques. Et ils ne doivent pas aimer le café.

Il ne reste rien. Ou pas grand-chose.

Le tableau d'affichage pour les informations internes, placé à hauteur d'œil, est toujours là. Les petites annonces hors sujet ont été enlevées. Les flyers pour les cours de yoga, pour le vide-grenier de la fin du mois, pour les horaires du panier bio, pour le cours de pilate et pour les séances de psychologie feng shui, comme les dépliants en quadrichromie pour retrouver son clown interne avec l'aide d'un spécialiste, tout ce fatras d'informations essentielles a été soigneusement déposé dans la poubelle à recycler le papier. Seuls sont restés quelques faire-part de naissance, avec les hideuses photos des nouveau-nés et les légendes imbéciles des parents comblés, écrites en bleu pour les garçons et en italique pour les filles, autorisés par la direction. Les Chinois n'ont rien de particulier contre cet excès d'enthousiasme autour de la natalité, tant qu'elle reste corporate.

Les Chinois ont calculé que chaque employé de la boîte passait en moyenne chaque mois une heure quarante-huit minutes à la machine à café. Ils ont multiplié par le nombre d'employés, cent quarante-sept, puis par onze, qui est le nombre de mois travaillés dans une année. Ils ont converti en dollars. Pour eux, ça faisait beaucoup de dollars.

Ils ont également compris qu'un conflit larvé autour du remplissage d'eau de la cafetière pouvait dégénérer à tout moment et mettre en péril la productivité de l'entreprise dont ils étaient à présent actionnaires majoritaires. Même les récriminations de Geneviève Dumas-Legrand n'y ont rien fait. Terminé, la machine à café. Même bio. Même équitable. Même conviviale. L'*Écoffee 3 000* n'encombre plus l'espace de travail dans le couloir qui mène à l'open space des commerciaux.

Grâce à leurs calculs, les Chinois ont également compris que cette machine à café consommait autant d'électricité que trois frigos de cantine, et que pour une boîte de cinquante touillettes en bois emballées dans des petits étuis en papier, on abattait quatre arbres et on gaspillait deux cent vingt-cinq litres d'eau. Et aussi que le personnel utilisait deux boîtes de touillettes bio emballées papier par jour. Les Chinois ont multiplié par trois cent soixante-cinq.

Les gobelets recyclables ont fait les frais de cette obsession de l'efficacité comptable. Pour chaque gobelet à recycler à partir du carton des gobelets usagés, c'étaient vingt litres d'eau, plus l'équivalent d'un litre de pétrole. Les gobelets en carton étaient livrés par boîtes de cent, sous emballage recyclable eux aussi. En gros, pour boire cinquante cafés, il fallait abattre une forêt, assécher un lac de montagne et vider un tanker double coque. Alors que cinquante gobelets en plastique non recyclable étaient produits avec un demi-litre de pétrole, dans la zone industrielle voisine.

De surcroît, les dosettes spéciales sans furane contenaient des traces d'amiante. Cet argument était imparable pour contrer le mauvais esprit dont faisait preuve Geneviève Dumas-Legrand. Cette dernière a protesté. Pourquoi ne pas essayer d'animer l'espace de convivialité avec un percolateur à capsules ? Les Chinois ont rétorqué que de toute façon, des capsules en aluminium auraient eu des effets aussi néfastes sur la santé et l'environnement que le café en dosette dure sans furane.

Les Chinois ont calculé que deux mois de capsules de café pour le personnel équivalaient à un demi-wagon de pains d'aluminium à recycler et à une tonne de boue rouge déversée dans les calanques du sud du pays. Imparable ! Sans parler du bilan carbone de la livraison du café équitable par avion depuis les pays chauds et de son transport à travers l'Europe depuis l'Allemagne dans des camions diesel. Cet argument a mis en colère Geneviève Dumas-Legrand, qui a protesté vivement. Le CHSCT de l'entreprise n'était pas habilité à se pencher sur les risques et défauts du matériel utilisé hors les murs de la société.

Après une courte palabre, car les Chinois ne sont pas diserts lorsque la langue de négociation n'est pas la leur, Geneviève Dumas-Legrand s'est retrouvée mutée à la compta', dont les nouveaux actionnaires venaient de virer tous les employés pour faute professionnelle. Grave. Personne n'a jamais su exactement quelle faute professionnelle, mais elle était grave. Geneviève Dumas-Legrand, elle, a fait partie de la dernière charrette de licenciements, lors du changement de statuts de la société d'édition trois jours plus tard.

Les éditions Minesta ont changé de nom pour devenir Consult Glamour Publishing, une société spécialisée dans les jeux vidéo interactifs à forte connotation sexuelle. Les Chinois ont presque totalement abandonné la littérature, même la plus bas de gamme. Ce secteur n'avait décidément aucun avenir. Ils se sont basés sur les chiffres de ventes des produits dérivés de la série policière *William Badbelt* qui n'arrivait pas aux résultats escomptés avec leurs Jaguar vertes miniatures en carton plié à monter soi-même, vendues moitié prix pour l'achat de trois romans de la collection.

Les Chinois ont tout de même développé un jeu vidéo à partir des personnages de la série polar de la gourde à grosse poitrine. Le jeu *Highway Vengeance* fait un tabac sur toutes les consoles du monde entier, depuis.

Des stagiaires juvéniles extirpés des écoles d'informatique du quartier ont remplacé les vieux employés encroûtés qui ne montraient plus guère d'enthousiasme. Sans regrets. L'ambiance n'était plus au beau fixe depuis qu'Hervé Buonavita s'était jeté du bureau directorial du sixième étage pour atterrir sur le toit de la voiture du gars de la Sécurité. Tétraplégie. Pension à vie. Une charge financière supplémentaire, inattendue et coûteuse, pour les nouveaux actionnaires. Le procès avec le constructeur de la bagnole qui avait su amortir la chute du sous-directeur et lui éviter une mort instantanée était en cours. Les Chinois restent procéduriers et pugnaces.

Le nouveau responsable des ressources humaines a rendu la machine à café qui était en location pour le prix de deux machines à café neuves par mois. Il a mis une bouilloire électrique sous le panneau d'affichage, charge à chacun des employés d'amener son sachet de thé. De toute façon, les stagiaires ne boivent pas de thé. Mais surtout, ils n'ont aucune revendication salariale ni syndicale, et n'ont pas une seconde pour venir flâner dans l'espace de convivialité et disserter sur des sujets aussi divers que le monde tel qu'il va, la planète qui part en couille, les spectacles de ballet sur glace ou les nouvelles de Maupassant, un auteur totalement has-been, exhumé près de deux siècles après son œuvre, dont ils ne soupçonnent même pas l'existence.

La cote des actions de Consult Glamour Publishing est au plus haut, les dividendes vont pleuvoir. Ne manque au tableau de chasse des Asiatiques qu'un succès d'édition planétaire. Les études marketing sont en cours. L'appel d'offres avait désigné une boîte de com' hexagonale pour s'occuper du projet. Les créatifs et le chef d'agence ont voulu faire de l'esbroufe avec un argumentaire de deux cents pages indigentes mais au vocabulaire sophistiqué. Les Chinois ont rigolé en voyant débarquer ces clowns sinistres, leurs storyboards, leurs gimmicks sémantiques, leurs chaussures pointues et leurs costumes à la mode. Ils se sont fait virer, immédiatement remplacés par d'autres Chinois qui ne parlent pas un mot de français mais qui maîtrisent toutes les techniques de vente et de communication. Et qui peuvent transformer en jeux vidéo et en produits dérivés le plus minable des concepts. Ils ont eu une idée.

Le paradis selon le CAC 40 (fin)

« Joli succès ! Beau démarrage des ventes dans tous les hypermarchés.

— J'étais certain que ça marcherait. Une nouvelle version de la Bible… C'est un peu comme le douzième volet d'Harry Potter ou un spin-off de *Autant en emporte le vent*. Y a de l'attente.

— Ils ont développé le jeu vidéo qui va avec ?

— Ils allaient se gêner, tiens ! Un jeu interactif, des produits dérivés pour les cours de récréation.

— Bien.

— Et aussi une comédie musicale à la rentrée prochaine.

— Tout ça à partir de la Bible.

— Oui, mais une version vraiment nouvelle. Pas grand-chose à voir avec l'ancienne.

— Ça a été écrit par un collectif de théologiens ?

— Surtout pas ! Non, c'est le spécialiste des ressources humaines qui a repris le texte original et qui a simplifié.

— Le Chinois ? Celui de la nouvelle direction ?

— Le Chinois, oui. Une idée suggérée par ses compatriotes : il a numérisé l'Ancien Testament, l'informatique a fait le reste. Copier-coller/remplacer. Et franchement…

— Franchement ?

— C'est bien mieux que l'original. Moins de personnages, plus de romance. Et des noms plus faciles à retenir, des histoires plus simples. Il a bien mieux joué sur le suspens dans la partie exode. Le Pentateuque se résume à deux récits courts, avec deux ou trois scènes de cul aguichantes.

— Avec Moïse ?

— Un Moïse qui ferait pâlir de jalousie Rocco Siffredi.

— Y a toujours le truc du sacrifice du mouton sur la colline ?

— Non. Disparu. Et ils ont eu raison. On aurait pu avoir les associations d'amis des animaux sur le dos. Mais surtout le lobbying des végans est devenu tellement puissant ! Plus d'agneau qu'on égorge, plus de méchoui.

— Et le buisson-ardent ?

— Bilan carbone discutable. Là aussi, on n'en parle quasiment plus. Il y a l'arrêté ministériel en note de bas de page sur les précautions à prendre en cas de sécheresse en milieu forestier. C'était une obligation contractuelle.

— Parfait, tout ça. Et les prophètes ?

— Ils étaient dix-sept dans l'original, ils ne sont plus que onze. Juste au cas d'une adaptation en série télé. Un épisode par prophète pour une saison. Non, vraiment, ils sont malins, les Chinois.

— Ils ont pris les précautions juridiques nécessaires avec les héritiers ?

— Les héritiers de qui ?

— Les héritiers de celui qui avait écrit l'original. On a toujours de mauvaises surprises avec les ayants-droit.

— Domaine public. Pas de contrainte.

— Belle affaire !

— Mais vous savez quoi ? Les ventes qui décollent ? Il y a une raison, et là aussi c'est malin…

— C'est quoi ?

— La fille à poil sur la couverture. »

Postface

« *Gentile signore Carrese...* Cher monsieur Carrese, merci pour votre envoi. J'ai pas tout compris, je ne lis pas le français. Mais comme ma mère l'a retrouvé sous une pile de journaux porno dans ma chambre, elle me l'a traduit et expliqué. Vous y allez un peu fort, non ? C'est un livre pour se faire des amis ou quoi ? Vous êtes suicidaire ? Votre éditeur est inconscient ? J'espère que vous avez un bon avocat, et une bonne assurance-vie. À ce propos, j'ai un cousin à Imperia qui a un cabinet d'assurances pour les cas désespérés comme vous, si besoin. Il peut vous faire un prix intéressant, mais on s'en parle en MP. Bon courage ! *Ciao !* »

PIETRO GIGLIO, Macelleria, Genova
(PIERRE GILLES, charcutier à Gènes)
(traduit de l'italien par l'auteur)

Table des matières

Chez le même éditeur (extrait)

Ghada Abdel Aal, *Cherche mari désespérément*
Renata Ada-Ruata, *Battista revenait au printemps*
Elisabeth Alexandrova-Zorina, *Un homme de peu*
Elisabeth Alexandrova-Zorina, *La poupée cassée*
Karim Amellal, *Bleu Blanc Noir*
Omar Benlaala, *L'Effraction*
Maïssa Bey, *Au commencement était la mer*
Maïssa Bey, *Nouvelles d'Algérie*
Maïssa Bey, *Cette fille-là*
Maïssa Bey, *Entendez-vous dans les montagnes...*
Maïssa Bey, *Sous le jasmin la nuit*
Maïssa Bey, *Surtout ne te retourne pas*
Maïssa Bey, *Bleu blanc vert*
Maïssa Bey, *Pierre Sang Papier ou Cendre*
Maïssa Bey, *Puisque mon cœur est mort*
Maïssa Bey, *Hizya*
Bui Ngoc Tan, *La mer et le martin-pêcheur*
Bui Ngoc Tan, *Conte pour les siècles à venir*
Philippe Carrese, *Virtuoso ostinato*
Philippe Carrese, *Retour à San Catello*
Philippe Carrese, *La légende Belonore*

Bernard Dan, *Le livre de Joseph*
Bernard Dan, *Le garçon du Rwanda*
Andréa del Fuego, *Les Malaquias*
Andréa del Fuego, *Les miniatures*
Dong Xi, *Une vie de silence*
Dong Xi, *Sauver une vie*
Samira El Ayachi, *Quarante jours après ma mort*
Ali Erfan, *Sans ombre*
René Frégni, *Le chat qui tombe et autres histoires noires*
Karen Jennings, *Les oubliés du Cap*
Denis Langlois, *Le déplacé*
Vadim Levental, *Le destin de Macha Regina*
Jacques Lindecker, *On a aimé des poisons*
David Machado, *Laissez parler les pierres*
David Machado, *Indice de bonheur moyen*
Ali-Reza Mahmoudi Iranmehr, *Nuage rose*
Anna Moï, *Nostalgie de la rizière*
Anna Moï, *Le pays sans nom*
Mohamed Nedali, *Le bonheur des moineaux*
Mohamed Nedali, *La maison de Cicine*
Mohamed Nedali, *Triste jeunesse*
Mohamed Nedali, *Le Jardin des pleurs*
Mohamed Nedali, *Évelyne ou le djihad ?*
Nguyên Huy Thiêp, *Crimes, amour et châtiment*
Nguyên Ngoc Tu, *Immense comme la mer*
Diekoye Oyeyinka, *La douleur du géant*
Victor Paskov, *Ballade pour Georg Henig*
Daniel Quirós, *La disparue de Mazunte*
Anna Roman, *Le val d'absinthe*
Igor Saveliev, *Les Russes à la conquête de Mars*
Alexandre Seline, *Je ne te mens jamais*
Alexandre Sneguiriev, *Je ris parce que je t'aime*
Alexandre Sneguiriev, *Véra parmi les hommes*
Olivier Szulzynger, *La maison Bataille*
Gérald Tenenbaum, *Les Harmoniques*

Victoria Tchikarnieeva, *Bye-bye Vichniovka!*
Chabname Zariâb, *Le pianiste afghan*
Spôjmaï Zariâb, *Les demeures sans nom, et autres nouvelles*

Pour limiter l'empreinte environnementale de leurs livres,
les éditions de l'Aube font le choix de papiers
issus de forêts durablement gérées et de sources contrôlées.

Achevé d'imprimer en mars 2018
sur les presses de l'imprimerie New Print
pour le compte des éditions de l'Aube
331, rue Amédée Giniès, F-84240 La Tour d'Aigues

Numéro d'édition : 2790
Dépôt légal : avril 2018

Imprimé en Europe